평강의 주께서 친히
때마다 일마다
평강을 주시기를 기도하며
특별히 _________ 님께
이 소중한 책을 드립니다.

Famous Unanswered Prayers

당신의 기도가
응답받지 못하는 이유를 아십니까?

워런 위어스비 지음 / 김동원 옮김

차 례

기도 응답의 장벽

1.

때때로 하나님께서는 우리를 위한 더 큰 축복을 준비하고 계시기 때문에
특별한 기도에 대해 그 응답을 지연시키거나 거부하신다.

부모들은 자녀들에 대한 사랑의 표현으로써 그들의 필요를 채워 주기 원한다. 이와 마찬가지로 하늘에 계신 우리 아버지께서도 우리의 기도에 응답해 주시기를 기뻐하신다. 그러나 기도는 우리가 하나님 앞에 나아가 우리의 필요를 간구하는 것 그 이상이다. 즉 기도는 우리가 하나님 아버지를 알고 또 나아가 자신을 발견하게 되는 교제와 예배의 귀한 경험이며, 그리스도인의 삶 속에서 누릴 수 있는 고귀한 특권 중의 하나이다. 그래서 하나님께서는 우리의 기도에 응답해 주시기를 기뻐하신다. 예수님께서는 이렇게 말씀하셨다. "너희가 악한 자라도 좋은 것으로 자식에게 줄 줄 알거든 하물며 하늘에 계신 너희 아버지께서 구하는 자에게 좋은 것으로 주시지 않겠느냐"(마 7:11).

이 말씀을 대할 때 "응답받지 못하는 기도"의 심각한 문제를 생각

하게 된다. 어떤 사람들은 하나님께서 기도에 항상 응답해 주신다고 주장한다. 하나님은 우리의 기도에 항상 "그래" 혹은 "안 돼". "기다려라"라고 말씀해 주신다는 것이다. 그러나 이것은 "응답받지 못하는 기도"에 대해 피상적으로 생각한 것이다. 물론 하나님께서 때때로 우리의 기도에 응답하시기를 늦추시는 것은 사실이다. 그분의 때는 우리가 생각하는 때와는 다르기 때문이다.

나사로가 심한 병에 걸렸을 때. 그의 누이인 마리아와 마르다는 예수님께 사람을 보냈다. 그러나 주님은 일부러 더디 오셨다. 주께서 베다니에 오셨을 때. 나사로는 이미 죽어 나흘 동안이나 무덤에 있었다. 이런 상황에서 주님은 그를 죽음에서 살려 내심으로 말미암아 하나님께 더 큰 영광을 돌리시기 위하여 의도적으로 늦게 오셨던 것이다(요 11:1~44 참조). 이 경우에 주님은 하나님의 목적을 이루는 데 적합한 때가 안 되었기 때문에 지체하셨다.

때때로 하나님께서는 우리를 위한 더 큰 축복을 준비하고 계시기 때문에 특별한 기도에 대해 그 응답을 지연시키거나 거부하신다. 우리는 지금 당장 싸구려 장난감을 사달라고 조르는 어린아이와 같이 마냥 하나님께 조른다. 그러나 좋은 부모와도 같이 하늘에 계신 우리 아버지께서는 우리를 위하여 최선의 것을 준비해 놓으셨기 때문에 우리가 원하는 것을 당장 주시지는 않는다. 따라서 주님의 뜻을 따라 기도할 때조차도 우리는 우리의 유익을 위해 우리의 요구를 변경하거나 뒤로 미루어야 할 때가 있을 수 있다. 그러나 이것들 역시 응답받는 기도의 유형들이다.

어쨌든 성경은 우리에게 하나님께서 우리의 기도를 듣지 않으시거나 혹은 응답하지 않으실 때가 있음을 가르쳐 준다. 이렇게 기도가 응답받지 못하는 이유는 하나님께서 우리의 기도를 듣지 못하시거나 그분이 무능력하시다거나 그런 것은 결코 아니다. 이는 단지 우리의 마음을 가로막고 있는 '장벽'으로부터 온 결과이다. 그러므로 기도의 응답은 실제로 우리에게 문제가 있는 것이며 하나님께 잘못이 있는 것이 아니다. 다만 주께서는 우리가 무엇이든 우리 마음대로 하도록 우리의 모든 기도에 응답하지는 않으신다.

모든 것을 보고 알고 계시는 전능하신 하나님께서는 우리의 기도가 당신의 뜻을 벗어나거나 당신의 성품과 모순된 것이라면 그 기도에 응답하지 않으신다. 그렇다면 하나님과의 대화의 선을 단절시키는 장벽들은 과연 무엇인가? 성경은 기도를 방해하는 여러 가지 요소들을 기록하고 있는데. 여기에서는 특별히 우리의 기도생활 속에 자리잡고 있는 네 가지 심각한 문제들을 다뤄 보고자 한다. 이제 응답받는 기도를 방해하는 장벽들에 대해 차례로 살펴보기로 하자.

알고 있는 죄

응답받는 기도의 첫번째 장벽은 "알고 있는 죄"이다.
"내가 내 마음에 죄악을 품으면 주께서 듣지 아니하시리라"(시 66:18).
시편 기자는 이 구절에서 우리가 가진 죄의 본성에 관해 말하고 있는 것이 아니다. 오직 예수 그리스도를 제외하고 이 땅 위에 살고 있는 모든 인간은 죄성을 지니고 있다. 예수님은 "죄를 알지도 못하신 자"(고후 5:21)이시며, "죄를 범치 아니하신"(벧전 2:22) 분이시다. 그분에게는 죄가 없다(요일 3:5). 그러나 우리의 기도가 단지 우리가 죄성을 지녔다는 이유만으로 방해받는 것은 아니다. 오히려 고의적인 죄를 품고 있다는 것이 기도가 응답받지 못하는 중요한 이유가 된다.

'품는다'는 말은 어떤 것이 현존하고 있음에 대해 안다는 것을 의미하는데, 그 사실을 인정하지만 더 이상 아무런 행동을 취하지 않음을 말한다. 만일 자신의 마음속에 어떤 죄를 품고 있음을 인식하고, 또 그 죄가 어떤 죄인지 알면서도 정직하게 그 죄를 인정하고 그것에 대해 어떤 조치를 취하지 않는다면, 하나님께서는 분명 나의 기도를 듣지 않으실 것이다. 하나님께서 그와 같이 반응하시는 이유는 분명하다. 그 이유는 우리가 위선적이기 때문이다.
"만일 우리가 하나님과 사귐이 있다 하고 어두운 가운데 행하면 거짓말을 하고 진리를 행치 아니함이거니와"(요일 1:6).

우리의 말과 행동이 서로 다르며, 죄를 감추는 것은 하나님을 크게 모독하는 행위이다. 왜냐하면 "만일 우리가 범죄하지 아니하였다 하면 하나님을 거짓말하는 자로 만드는 것이니 또한 그의 말씀이 우리 속에 있지 아니하니라"라고 요한일서 1장 10절에서 말하고 있기 때문이다. 위선이 얼마나 위험한 것인지에 대해 욥은 다음과 같은 말로 증명해 준다.
"사곡한 자가 이익을 얻었으나 하나님이 그 영혼을 취하실 때에는 무슨 소망이 있으랴 환난이 그에게 임할 때에 하나님이 어찌 그 부르짖음을 들으시라"(욥 27:8, 9).

오늘날 수많은 사람들이 자신들의 죄와 하나님을 무시한 채 물질적인 부(富)를 축적하는 데에만 급급하게 살아간다. 그들은 어려움을 당하여 거의 죽게 될 지경에 이르러서야 하나님께 도움을 청하기 위해 부르짖는다. 그러나 주께서는 실제로 그들에게 이렇게 말씀하신다.
"너희는 너희 죄를 회개하든지 아니면 내게 부르짖지 말라. 어찌 내가 지금 그 상태로 너희의 기도를 들을 수 있겠느냐?"
우리가 자신이 알고 있는 마음속의 죄를 소중히 여기면서 품고만 있다면 주께서는 우리의 구함을 듣지 않으시고 응답하지 않으신다.

'죄를 품는다'는 것은 은밀하게 죄를 짓거나, 죄에 대하여 곰곰이 생각한다거나, 전에 지은 죄를 즐겨 상상한다거나, 또 죄에 대해 솔직하게 인정하지 않는 것을 말한다. 우리는 이런 식으로 생활 속에 죄가 남아 있도록 용납해 두지 말고 그 죄들을 철저하게 처리해야만 한다. 예수께서는 말씀하셨다.
"만일 네 오른눈이 너로 실족케 하거든 빼어 내버리라 만일 네 오른손이 너로 실족케 하거든 찍어 내버리라"(마 5:29, 30).
주께서는 이 말씀에서 문자 그대로 행하라고 말씀하신 것이 아니다. 육체적인 수술로써 영적인 치유를 기대할 수는 없다. 오히려 그분은 우리에게 다음과 같은 사실을 말씀해 주고 계신다.
"죄가 점점 커져서 너의 전 존재를 파괴시켜 버리기 전에 죄의 문제를 철저히 해결해야 한다."

이것이 우리가 기도로 하나님 앞에 나아갈 때 먼저 우리의 죄를 자백함으로써 정결함을 받아야 하는 이유이다.

"만일 우리가 우리 죄를 자백하면 저는 미쁘시고 의로우사 우리 죄를 사하시며 모든 불의에서 우리를 깨끗케 하실 것이요"(요일 1:9).

구약의 성막과 성전에서 제사장들은 지성소에 들어가기 전에 금향로(백성의 기도를 상징함)에 향을 피우고 물두멍에 머물러 손과 발을 씻어야만 했다. 하나님을 섬기는 일에 종사하는 제사장들이라 할지라도 그들은 여전히 부정한 인간이기 때문에 거룩하신 하나님께서 계신 지성소에 들어가기 전에 물두멍에서 자신을 깨끗하게 해야했다. 이와 마찬가지로 오늘날 당신과 나도 자신을 깨끗하게 해야한다.

"나를 씻기소서 내가 눈보다 희리이다"(시 51:7).

이기심

응답받는 기도의 첫번째 장벽은 우리가 삶 속에 품고 있으면서 자백하지 않는 "알고 있는 죄"이다. 그리고 기도의 응답을 방해하는 두번째 장벽은 "이기심"이다. 야고보는 우리가 이기심을 가지고 기도한다면 하나님께서는 그 기도를 듣지 않으실 것이라고 말했다.

"너희 중에 싸움이 어디로 다툼이 어디로 좇아 나느뇨 너희 지체 중에서 싸우는 정욕으로 좇아난 것이 아니냐"(약 4:1).

이 구절에서 "정욕"이란 "쾌락"을 의미한다. 다음 구절도 계속 보면 다음과 같이 말하고 있다.

"너희가 욕심을 내어도 얻지 못하고 살인하며 시기하여도 능히 취하지 못하나니 너희가 다투고 싸우는도다 너희가 얻지 못함은 구하지 아니함이요 구하여도 받지 못함은 정욕으로 쓰려고 잘못 구함이니라"(약 4:2, 3).

이 표현이 좀더 솔직하지 않는가? 야고보의 서신을 받는 회중들 사이에서는 분명히 어떤 곤란한 논쟁과 분쟁과 싸움이 있었다. 그들이 서로 분리되어 논쟁했던 이유 중에 하나는 그들이 마땅히 해야 할 기도를 하지 않았기 때문이었다. 그들은 이기적으로 기도하였다.

자기 자신을 위하여 기도하는 것이 하나님의 백성들에게 있어 잘못은 아니라 할지라도, 하나님께서 요구하시는 것을 깨닫기 전에 이기적으로 자신의 요구만을 먼저 늘어놓는 것은 잘못이다. 주께서 가르쳐 주신 기도를 보면, 우리 자신의 것보다 하나님 나라의 일을 우선하셨음을 깨닫게 된다.

"하늘에 계신 우리 아버지여 이름이 거룩히 여김을 받으시오며 나라이 임하옵시며 뜻이 하늘에서 이룬 것 같이 땅에서도 이루어지이다"(마 6:9~10).

먼저 하나님의 관심사에 대해 기도한 다음에야 우리는 이렇게 말할 수 있다.

"오늘날 우리에게 일용할 양식을 주옵시고"(마 6:11).

이것은 우리 자신을 위해 기도하는 것이 잘못이 아님을 가르쳐 준다. 성경에 나오는 수많은 인물들 역시 자신을 위해 기도했다. 시편을 읽을 때 우리는 다윗이 자신의 영적인 정결함, 능력, 육신의 보호, 그리고 원수로부터의 구원을 위하여 자주 기도한 사실을 대하게 된다. 신약성경에 보면 예수께서도 여러 경우에 자신을 위하여 기도하셨고, 이와 마찬가지로 바울도 다른 사람은 물론 자신을 위해 기도했던 것을 알 수 있다.

앞에서 지적한 바와 같이 하나님은 우리의 기도에 응답하시고 우리의 필요를 채워 주시기를 기뻐하신다. 그러나 이기적인 기도가 우리 자신을 위하여 기도하는 것과 동일한 것은 아니다. 우리는 다른 사람을 잘 섬길 수 있도록 자신을 위해 기도한다. 이것은 야고보서 4장 2, 3절에 기록된 모습과는 매우 다르다.
"너희가 얻지 못함은 구하지 아니함이요 구하여도 받지 못함은 정욕으로 쓰려고 잘못 구함이니라"(약 4:2, 3).
이 경우에 있어서 기도하는 유일한 목적은 자신의 쾌락과 욕심만을 채우기 위함이다.

이기적인 기도를 할 때 어떤 결과가 나타나는가? 오늘날 우리는 함께 어울려 사는 것이 힘들게 되었다. 계속해서 다른 사람들과 논쟁하면서 자신의 쾌락만을 채우고자 하며, 하나님을 영화롭게 하는 일에는 별 관심도 없다. 오직 자기 자신을 만족시키는 일에만 관심을 갖는다. 그러나 기도는 자신을 만족시키려는 것이 아니라 하나님의 뜻을 이루는 데 그 목적이 있다. 사도 요한은 이 사실에 대해 다음과 같이 분명하게 말하고 있다.
"그를 향하여 우리의 가진 바 담대한 것이 이것이니 그의 뜻대로 무엇을 구하면 들으심이라 우리가 무엇이든지 구하는 바를 들으시는 줄을 안즉 우리가 그에게 구한 그것을 얻은 줄을 또한 아느니라"(요일 5:14, 15).

여기에서 우리는 주님의 뜻을 따라 구할 때 하나님께서 그 소원을 이루어 주신다는 약속을 알 수 있다. 기도의 목적이 사람의 뜻이 하늘에서 이루어지도록 하는 데 있지 않다는 것은 이미 충분히 설명한 바 있다. 기도의 목적은 땅에서 하나님의 뜻을 이루는 것이다. 따라서 우리는 성경을 공부해야 하며 하나님의 뜻이 실제로 어디에 있는지 발견해야 한다. 이기심은 기도가 응답받지 못하게 하는 장벽이다. 우리의 기도는 이기적일 수 있다. 그런데 때때로 우리는 그 사실조차 인식하지 못한다. 그래서 우리는 기도할 때 성령께서 통찰력을 주시도록 구해야 한다. 또한 하나님의 뜻 안에서 기도하는 법을 알기 위해 말씀으로 충만한 삶을 살아야 한다.

가정에서의 불일치

기도의 응답을 방해하는 세번째 장벽은 "가정 불화"이다. 이 진리는 베드로전서 3장 7절에서 그 근거를 찾아볼 수 있다. 사도 베드로가 한 말이다.
"남편 된 자들아 이와 같이 지식을 따라 너희 아내와 동거하고 저는 더 연약한 그릇이요 또 생명의 은혜를 유업으로 함께 받을 자로 알아 귀히 여기라 이는 너희 기도가 막히지 아니하게 하려 함이라"(벧전 3:7).
여기에서 '막히다'는 말의 어원을 보면 매우 흥미로운 뜻을 지니고 있다. 이 말은 길을 파헤쳐 군대가 대로를 통과할 수 없게 만든다는 의미이다.

옛날에는 전쟁 때 자주 이런 방법을 사용했다. 군사들은 적군의 전면 공격을 피하기 위해 바위와 나무 그리고 다른 장애물을 가지고 길을 막았다. 그리하여 베드로전서 3장 7절은 남편과 아내가 만일 서로 화목하지 않는다면 그들의 기도는 이와 같이 막히게 될 것임을 말씀하고 있다. 그들은 마치 길에 장애물과 장벽을 세우는 것과 같이 기도의 응답을 막는 결과를 초래하게 될 것이다. 가정생활에 있어 기도는 너무나 중요하다. 남편과 아내가 날마다 함께 기도하는 시간이 필요하다. 많은 그리스도인 부부들이 결혼생활에서 이 면을 무시하는 것을 보면 놀라지 않을 수 없다.

내 아내와 나는 자주 젊은 부부들에게 그들이 주 예수께 대한 사랑과 충성을 바탕으로 생활을 영위해 가야 할 것이라고 말하곤 한다. 그 외의 다른 것을 바탕으로 할 때 그 결혼은 오래 가지 않을 것이다. 베드로전서의 이 구절은 모든 사람. 특별히 남편과 아내의 관계가 얼마나 중요한 것인지 보여 주고 있다. 우리는 다른 사람들을 대할 때 매우 조심해야 한다. 만일 우리가 하나님의 말씀을 따라 함께 연합하지도 않고 그리스도 안에서 함께 후사된 배우자 또는 다른 지체들을 귀하게 여기지 않는다면. 하나님은 우리의 기도에 응답해 주지 않으실 것이다.

이러한 문제들은 그리스도인 가정에 해를 끼칠 뿐 아니라 교회에도 큰 영향을 미친다. 만일 목사나 교사나 교회 지도자들이 가정에서 가족과 함께 기도하는 생활을 게을리한다면 그의 개인적인 기도나 대표기도는 힘없는 기도가 될 것이다. 교회 안에서 부흥을 경험하기 전에 먼저 우리 각자의 결혼생활과 가정에서 부흥이 일어나야 한다. 교회 안에서의 사역이 성공하려면 먼저 우리 가정에서 하나님의 말씀을 읽고 함께 기도하기를 시작해야 한다.

하나님의 말씀을 거역함

죄를 마음속에 간직해 두며, 이기적으로 기도하며, 가정에서 서로 화목하지 못하는 이 모든 것은 기도가 응답되지 않는 요인이다. 마지막 기도생활의 장애물은 바로 하나님의 말씀을 거역하는 것이다. 이 사실은 잠언 28장 9절에 잘 나타나 있다.

"사람이 귀를 돌이키고 율법을 듣지 아니하면 그의 기도도 가증하니라"(잠 28:9).

하나님의 말씀을 무시하고 거역하는 것은 기도 응답의 큰 장벽이 된다. 하나님의 말씀과 기도는 항상 병행한다. 예수께서는 "너희가 내 안에 거하고 내 말이 너희 안에 거하면 무엇이든지 원하는 대로 구하라 그리하면 이루리라"(요 15:7)고 말씀하셨다.

사도행전 6장 4절에 보면 초대 교회 지도자들이 계속해서 하나님의 말씀과 기도의 사역에 전념했음을 발견할 수 있다. 성경은 하나님의 생각과 마음과 뜻을 보여 주기 때문에 말씀과 기도는 병행되어야만 한다. 먼저 하나님의 생각과 마음과 뜻을 알아야 우리의 필요에 대한 하나님의 약속을 기도로 주장할 수 있다.

기도는 우리 스스로 하는 것이 아니라 성령께서 하나님의 말씀을 우리의 삶 가운데 이루시는 성령의 역사이다. 만일 우리가 하나님의 말씀을 받아들이지 않는다면 하나님은 우리의 기도를 들으실 수도

없고 응답해 주실 수도 없다. 왜냐하면 우리의 그러한 행동은 거룩
하신 그분의 성품에 위배되기 때문이다. 하나님께서는 우리의 기도
에 응답해 주기를 원하신다. 그러나 우리가 주님과 나 사이에 장애
물을 놓았기 때문에 불행하게도 하나님은 응답하실 수가 없다. 생활
속에서 알고 있는 죄를 고백하지 않고. 이기적인 동기로 기도하며.
가정 불화를 일으키고. 하나님의 말씀을 무시하는 것은 분명 우리의
기도생활에 장벽이 된다. 이제 우리는 자신의 마음과 삶을 돌아보고
이러한 장벽을 허물어 달라고 하나님께 기도해야 할 필요가 있다.

"모든 우상을 제하소서.
모든 원수를 쫓아 내소서.
지금 나를 씻기소서.
내가 눈보다 희게 되리이다."

응답받지 못한 모세의 기도
2

"그 때에 내가 여호와께 간구하기를 주 여호와여 주께서 주의 크심과 주의 권능을 주의 종에게 나타내시기를 시작하셨사오니 천지간에 무슨 신이 능히 주의 행하신 일 곧 주의 큰 능력으로 행하신 일같이 행할 수 있으리이까 구하옵나니 나로 건너가게 하사 요단 저편에 있는 아름다운 땅, 아름다운 산과 레바논을 보게 하옵소서 하되 여호와께서 너희의 연고로 내게 진노하사 내 말을 듣지 아니하시고 내게 이르시기를 그만해도 족하니 이 일로 다시 내게 말하지 말라 너는 비스가 산 꼭대기에 올라가서 눈을 들어 동서 남북을 바라고 네 눈으로 그 땅을 보라 네가 이 요단을 건너지 못할 것임이니라 너는 여호수아에게 명하고 그를 담대케 하며 그를 강경케 하라 그는 이 백성을 거느리고 건너가서 네가 볼 땅을 그들로 기업으로 얻게 하리라 하셨느니라"(신명기 3:23~28).

우리는 모든 죄로부터 마음을 깨끗이 지켜야 한다. 우리는 기도에 응답받지 못해
괴로워할 때에도 여전히 하나님의 은혜가 내게 족하다는 사실을 기억해야 한다.

우리는 '모세' 하면 대개 위대한 지도자, 율법의 전달자로 생각한다. 물론 그는 훌륭한 지도자이며 위대한 율법의 전달자였다. 그러나 그는 또한 교사이며 선지자이자 능력 있는 기도의 용사였다. 우리는 이 사실을 간과해서는 안 된다. 구약성경의 여러 곳에서 그가 얼마나 헌신적으로 기도했는지 그 실례들을 찾아볼 수 있다. 하나님께서 애굽에 재앙을 내리셨을 때 모세가 기도하자 하나님께서는 그 재앙들을 때때로 거두셨다(출 7:14~12:36 참조).

광야에서 아말렉 족속이 이스라엘 백성을 공격했을 때도 모세의 손이 올라가 있는 동안에는 이스라엘 백성들이 내내 승리를 거두었다(출 17:8~16 참조). 더욱이 믿음이 연약한 이스라엘 백성들이 금송아지를 만들어 거기에 절하는 등 하나님께 크게 범죄했을 때도 그들을 아껴 기도해 주었던 중보자는 모세였다(출 32:7~14 참조). 그는

시내산으로 올라가 백성들을 위하여 하나님께 간절히 기도했다(출 32:30~35 참조). 심지어 모세를 비방한 뒤에 문둥병에 걸린 미리암을 위해 그는 기도했고, 하나님께서는 그의 기도를 들으셔서 미리암을 고쳐 주셨다(민 12:1~16 참조).

가데스 바네아에서도 약속의 땅에 들어가기를 거절하면서 하나님께 불순종하였던 이스라엘 백성을 위해 모세는 다시 한번 중보기도를 하였고, 하나님께서는 그 백성들에게 긍휼을 베푸셨다(민 14:1~21 참조). 또한 이스라엘 백성들이 불뱀에 물렸을 때에도 그들은 모세의 중보기도로 치료를 받을 수 있었다(민 21:5~9 참조). 이처럼 모세가 위대한 중보기도자였다는 사실은 매우 흥미로운 일이다. 백성들은 모세를 비난하였고, 그가 행하는 일에 대해 불평하였고, 모세가 자기들을 위해 기도하는 것이 그저 당연한 일이라고 생각했다.

그러나 만약 모세의 기도가 없었다면 이스라엘은 어떻게 되었을까? 이것은 종종 가정과 교회에 실제로 적용되는 문제이다. 자녀들은 때때로 그들의 부모나 조부모가 자신을 위해 기도하고 있음을 깨닫지 못한다. 어떤 사람은 자기 조부모의 위대한 기도 덕분에 자신이 존재하고 있는지도 모른다. 하나님께서는 기도가 가정과 교회에 절대적으로 필요한 것임을 보여 주셨다. 그러므로 기도하는 부모와 기도하는 영적 지도자가 곁에 있고, 또 모든 문제와 모든 필요에 대해 해결받고 공급받는다고 해서 우리는 그들의 기도가 결코 당연한 것이라고 생각해서는 안 된다.

모세는 자주 다른 사람들을 위해 기도했으며, 하나님께서는 그의 구함을 들어 주셨다. 그러나 모세의 기도가 모두 응답되지는 않았다. 우리는 모세가 특별히 자기 자신을 위해 기도를 드렸을 때 하나님께서 그의 간구를 거절하셨던 사실을 발견할 수 있다.

"그때에 내가 여호와께 간구하기를 주 여호와여 주께서 주의 크심과 주의 권능을 주의 종에게 나타내시기를 시작하셨사오니 천지간에 무슨 신이 능히 주의 행하신 일 곧 주의 큰 능력으로 행하신 일같이 행할 수 있으리이까? 구하옵나니 나로 건너가게 하사 요단 저편에 있는 아름다운 땅, 아름다운 산과 레바논을 보게 하옵소서 하되 여호와께서 너희의 연고로 내게 진노하사 내 말을 듣지 아니하시고 내게 이르시기를 그만해도 족하니 이 일로 다시 내게 말하지 말라 너는 비스가산 꼭대기에 올라가서 눈을 들어 동서 남북을 바라고 네 눈으로 그 땅을 보라 네가 이 요단을 건너지 못할 것임이니라 너는 여호수아에게 명하고 그를 담대케 하며 그를 강경케 하라 그는 이 백성을 거느리고 건너가서 네가 볼 땅을 그들로 기업으로 얻게 하리라 하셨느니라"(신 3:23~28).

하나님은 왜 모세의 이 단순한 기도에 응답하지 않으셨을까? 이런 기도가 응답받지 못한 이유를 이해하려면 모세의 삶에 있었던 하나의 사건을 살펴볼 필요가 있다. 이것을 통해 우리의 삶에서 응답되지 않는 기도에 대해 몇 가지 근본적인 이유들을 발견하게 될 것이다.

기도의 의기

모세의 뼈아픈 경험을 통해 우리는 기도생활과 주님과 동행하는 삶에 도움이 될 만한 중요한 사실을 깨닫게 된다. 무엇보다도 응답받지 못한 모세의 기도를 통해 우리는 기도의 의미가 무엇인지 알게 된다. 그렇다면 과연 '기도' 란 무엇인가? 기도는 하나님께서 그분의 뜻을 이루시도록 구하는 것일 뿐, 주님과 변론 하는 것은 아니다. 모세는 요단강을 건너 가나안 땅에 들어가기를 허락해 주시기를 하나님께 간구할 때. 이미 하나님의 뜻이 어떠한 것인지 알고 있었다. 모세가 이전에 지었던 죄의 결과로 하나님은 모세가 약속의 땅에 들어가는 것을 허락하지 않으셨다.

우리는 민수기 20장에서 그 사실을 찾아볼 수 있다.
"여호와께서 모세에게 일러 가라사대 지팡이를 가지고 네 형 아론과 함께 회중을 모으고 그들의 목전에서 너희는 반석에게 명하여 물을 내라 하라 네가 그 반석으로 물을 내게 하여 회중과 그들의 짐승에게 마시울지니라 모세가 그 명대로 여호와의 앞에서 지팡이를 취하니라 모세와 아론이 총회를 그 반석 앞에 모으고 모세가 그들에게 이르되 패역한 너희여 들으라 우리가 너희를 위하여 이 반석에서 물을 내랴 하고 그 손을 들어 그 지팡이로 반석을 두 번 치매 물이 많이 솟아 나오므로 회중과 그들의 짐승이 마시니라 여호와께서 모세와 아론에게 이르시되 너희가 나를 믿지 아니하고 이스라엘 자손의 목전에 나의 거룩함을 나타내지 아니한고로 너희는 이 총회를 내가 그들에게 준 땅으로 인도하여 들이지 못하리라 하시니라"(민 20:7~12).

모세와 아론은 두 가지 면에서 하나님께 범죄했다. 첫째로. 모세는 하나님께서 반석에게 명하라고 직접적으로 명령하신 것에 불순

종하고 대신 지팡이로 반석을 쳤다. 둘째로, 그 두 사람은 하나님께
영광을 돌리기보다 오히려 물을 내준 것을 자기들의 공로로 돌렸다.
모세와 아론의 이러한 죄 때문에 하나님께서는 그들이 백성을 이끌
고 가나안 땅으로 들어가지 못할 것이라고 분명하게 말씀하셨다. 모
세는 하나님의 뜻이 무엇인지 이미 알고 있었지만, 신명기 3장에서
우리는 그가 하나님의 뜻을 돌이키려고 시도했던 모습을 보게 된다.

물론 어떤 사람들은 전에 모세가 백성들을 위해 간구했을 때, 하
나님께서 자신의 뜻을 돌이키셨던 적이 있지 않았느냐고 반박할지
도 모른다. 예를 들어서 하나님께서 가데스 바네아에서 백성들을 멸
하고자 하셨을 때 모세는 하나님께 이렇게 간청하였다.
"이제 주께서 이 백성을 한 사람 같이 죽이시면 주의 명성을 들은 열국이
말하여 이르기를 여호와가 이 백성에게 주기로 맹세한 땅에 인도할 능이
없는 고로 광야에서 죽였다 하리이다 … 구하옵나니 주의 인자의 광대하심
을 따라 이 백성의 죄악을 사하시되 애굽에서부터 지금까지 이 백성을 사
하신 것같이 사하시옵소서"(민 14:15, 16, 19).

그 당시에 하나님께서는 백성들을 사하셨지만, 실제 자신의 생각
을 바꾸신 것은 아니었다. 결국 하나님께서는 이스라엘 백성들을 그
들의 죄로 인해 멸하셨고, 오직 새로운 세대만 가나안 땅에 들어가
도록 허락하셨다(민 14:20~35 참조). 당시 모세는 하나님께서 가
나안 땅에 들어가는 것을 금하셨다는 사실을 이미 알고 있었지만,
그는 하나님의 생각을 바꿀 수 있으리라고 생각하여 간청했다. 만약
하나님께서 그분의 생각을 바꾸시고 모세의 기도에 응답하셨다면

그것은 그분의 공의로우신 성품에 어긋나는 것이다. 모세가 죄를 범한 이후에도 그 땅에 들어가도록 허락하셨다면 곧 이스라엘 백성들을 차별해서 대우하시는 것이다.

가데스 바네아에서 하나님을 불신하고 불명예스럽게 했던 죄 때문에 백성들은 광야에서 죽어야만 하는 선고를 받았다. 그분은 아론에 대해서도 차별 대우하지 않으셨다. 므리바 반석에서 있었던 죄 때문에 아론 또한 가나안에 들어갈 수 없었다. 하나님께서는 에돔 땅 근처 호르산에서 모세와 아론에게 이렇게 말씀하셨다.
"아론은 그 열조에게로 돌아가고 내가 이스라엘 자손에게 준 땅에는 들어가지 못하리니 이는 너희가 므리바 물에서 내 말을 거역한 연고니라"(민 20:24).

대제사장의 임무가 그의 아들 엘르아살에게 넘겨진 후 아론은 그 산꼭대기에서 죽었다(민 20:27~29 참조). 아론과 이스라엘 온 백성들이 죽은 상황에서 하나님께서는 모세를 아끼실 수 있는 그런 대로의 명분이 서지 않았을까? 하지만 모세가 차지했던 권위와 지도력 때문에 죄의 결과는 더 큰 영향을 받게 되었다. 하나님께서는 여전히 공정하고 의로우셨기 때문에 모세의 죄를 눈감아 주실 수 없었다. 또한 모세가 비록 위대한 중보기도자였다 할지라도 그는 기도의 의미를 잊고 있었다. 그러므로 우리는 모두 기도의 목적을 다시 한 번 상기해 보아야 한다.

기도는 자주 다음과 같이 정의된다. "기도는 하나님께서 원치 않으시는 것을 돌이키게 하는 것이 아니라 하나님께서 원하시는 것을 붙잡는 것이다." 기도는 하나님과 논쟁하는 것도 아니고, 우리가 원하는 것을 얻기 위해 그분의 팔을 붙들고 늘어지는 것도 아니다. 기도는 하나님께서 우리의 삶 속에 그분의 뜻을 이루시도록 하나님께 간구하는 것이며, 그분의 뜻을 받아들이는 것이다. 그래서 우리는 하나님의 뜻을 따라 기도할 때 기도가 응답받게 된다.

"그를 향하여 우리의 가진 바 담대한 것이 이것이니 그의 뜻대로 무엇을 구하면 들으심이라 우리가 무엇이든지 구하는 바를 들으시는 줄을 안즉 우리가 그에게 구한 그것을 얻은 줄을 또한 아느니라"(요일 5:14, 15).

죄의 심각성

모세의 응답받지 못한 경험은 우리에게 기도의 의미뿐 아니라 죄의 심각성에 대해서도 상기시켜 준다. 출애굽한 이스라엘 백성들이 광야에서 물이 없어 모세를 원망했을 때 하나님께서는 반석에서 물이 흘러나오게 될 것을 약속하시고 모세에게 반석을 향해 말하라고 하셨다(민 20:8 참조). 이것은 하나님께서 반석에서 물을 공급하신 첫번째의 사건은 아니었다(출 17:5~7 참조). 첫번째 경우에 하나님은 모세에게 반석을 치라고 명하셨다. 그러나 지금은 반석을 향해 말하라고 하셨는데, 모세는 그 명령에 순종하지 않고 지나간 자기의 경험을 바탕으로 반석을 두 번이나 내리쳤다. 그래도 하나님은 여전히 당신의 약속을 지키셨고 그들에게 물을 내주셨다.

그 이후에 하나님께서는 모세에게 그가 심각한 죄를 범하였음을 분명하게 알려 주셨다. 이 죄가 무엇 때문에 그토록 심각하게 취급

되는가? 무엇 때문에 반석을 치는 것보다 반석에게 말하는 것이 모세에게 그토록 중요한 것이었는가? 모세의 불순종은 그가 하나님의 능력에 대해 믿음의 부족함을 나타내 주는 것이었다. 그는 하나님께서 말씀하신 것은 그분의 뜻대로 이루실 것이라고 믿기보다. 하나님께서 과거에 역사하셨던 방법에 의존했던 것이다. 하나님의 관점에서 모세와 아론은 '불신앙의 죄'를 범했다. 하나님께서는 그들에게 말씀하셨다.

"너희가 나를 믿지 아니하고 이스라엘 자손의 목전에 나의 거룩함을 나타내지 아니한고로 너희는 이 총회를 내가 그들에게 준 땅으로 인도하여 들이지 못하리라 하시니"(민 20:12).

모세의 불신앙의 죄는 또 다른 측면에서 심각함을 드러낸다. 하나님께서는 성령의 생수가 흘러나오는 반석되신 예수 그리스도의 형상을 백성들에게 계시해 주시기 위하여 두 경우에 걸쳐 반석으로부터 물이 나오게 하셨다. 이것은 백성들에게 생수를 주시고자 그리스도께서 십자가 위에서 계속 반복하지 않고 단번에 찢기실 것에 대한 예표였다. 그런 점에서 반석을 두 번 쳐야 할 필요가 없었다. 대신 백성들은 반석에게 말함으로 성령의 충만함과 능력을 받을 수 있었다. 여기에서 "반석을 치는 것"은 십자가에서의 그리스도의 죽음을 상징하고, "반석에게 말한다는 것"은 하늘로부터의 그분의 사역을 의미한다.

우리가 주께 나아갈 때 그분은 우리의 필요를 채워 주신다. 모세가 하나님의 명령에 불순종하여 반석에게 말하지 않고 반석을 쳤을

때 그는 곧 하나님께서 나타내시고자 하신 아름다운 영상에 먹칠을
한 것이었다. 모세는 이 특별한 하나님의 지시를 거역하는 불순종의
죄를 범하였을 뿐만 아니라, 교만함이란 과실을 범하게 되었다. 하
나님은 모세에게 이렇게 말씀하셨다.
"여호와께서 모세와 아론에게 이르시되 너희가 나를 믿지 아니하고 이스라
엘 자손의 목전에 나의 거룩함을 나타내지 아니한 고로 너희는 이 총회를
내가 그들에게 준 땅으로 인도하여 들이지 못하리라"(민 20:12).

얼마 전까지만 해도 모세는 매우 온유하고 겸손한 사람이었다(민
12:3 참조). 그러나 그의 온유함은 순식간에 사라지고 하나님을 영
화롭게 하기 위한 지도력의 목적을 잠시 잊고 말았다. 그는 자신의
기질을 상실하고 백성들을 향하여 패역한 자들이라고 소리쳤다.
"패역한 너희여 들으라 우리가 너희를 위하여 이 반석에서 물을 내랴"(민
20:10).
모세는 하나님께서 이루신 이 기적에 대하여 하나님께 영광을 돌리
기보다는 오히려 자신에게 영광을 돌렸다. 얼마나 많은 성경에 기록
된 사람들이 그들의 연약함 때문이 아니라 그들의 힘으로 인해 실패
하였는지 그 사실에 주목해 보는 것은 매우 흥미로운 일이다.

모세에게 있어서 위대한 힘은 온유함이었다. 그래서 사단은 그를
넘어뜨리기 위해 교만을 사용했다. 아브라함의 힘은 큰 믿음이었는
데, 그 역시 불안함 때문에 두 번씩이나 자기 아내인 사라에 대해
거짓말을 했다(창 12:10~13:14 / 20:1~18 참조). 다윗에게 있어서
큰 힘은 그의 성실함이었다. 그는 하나님의 마음에 합한 사람이었지

만 성실함을 버리고 우리아의 아내를 취하고자 음모를 꾸몄던 것이다(사무엘하 11장 참조). 용기 있는 베드로도 시험받는 순간, 자기 생명에 대한 두려움 때문에 그리스도를 세 번씩이나 모른다고 부인했다(눅 22:54~62 참조).

모세의 죄가 하나님 보시기에 심각했던 이유는 그것이 불신앙과 교만의 죄였을 뿐 아니라 거역의 죄이기도 했기 때문이다.
"여호와께서 모세에게 이르시되 너는 이 아바림산에 올라가서 내가 이스라엘 자손에게 준 땅을 바라보라 본 후에는 네 형 아론의 돌아간 것같이 너도 조상에게로 돌아가리니 이는 신 광야에서 회중이 분쟁할제 너희가 내 명을 거역하고 그 물가에서 나의 거룩함을 그들의 목전에 나타내지 아니하였음이니라"(민 27:12~14).

물론 백성들도 모세의 죄에 대해 부분적인 책임이 있다. 대부분의 지도자들과 마찬가지로, 모세도 이스라엘 자손들로 인해 여러 번 화가 났다.
"여호와께서 너희의 연고로 내게도 진노하사 가라사대 너도 그리로 들어가지 못하리라"(신 1:37).
우리는 시편 106편 32, 33절에서 그에 대해 더 상세한 설명을 찾아볼 수 있다.
"저희가 또 므리바 물에서 여호와를 노하시게 하였으므로 저희로 인하여 얼이 모세에게 미쳤나니 이는 저희가 그 심령을 거역함을 인하여 모세가 그 입술로 망령되이 말하였음이로다"(시 106:32, 33).

때때로 하나님의 백성들은 하나님의 종들에게 문제를 일으킨다. 그래서 목사들과 교회 지도자들에게 더욱 인내가 필요하다. 우리는 회중들을 향해 불평을 토하는 대신 오히려 그들을 사랑하고 도와야 할 필요가 있다. 우리는 다른 사람의 불평에 가담하여 죄에 빠지는 실수를 저지르지 말아야 한다.

하나님의 은혜

모세의 삶에 있었던 이 사건은 기도의 의미와 죄의 심각성에 대해 교훈을 줄 뿐만 아니라 우리의 기도에 응답하시거나 또는 응답하지 않으시는 하나님의 은혜를 깨닫게 한다. 즉 죄가 많은 곳에 은혜가 더욱 넘친다(롬 5:20 참조). 이와 같이 하나님은 은혜 안에서 모세의 죄를 용서해 주셨고, 섭리 안에서 모세가 심은 것을 심은 대로 거두게 하셨다. 그러나 하나님께서 약속의 땅에 들어가고자 하는 모세의 기도에 응답하지 않으신 것은 또 다른 이유에서였다. 우리를 위하여 그의 기도에 응답하지 않으셨다.

다시 한번 하나님께서는 모세의 삶에 있었던 이 사건을 후손들을 교훈하기 위한 목적으로 삼으셨다. 모세는 율법의 대표자였기 때문에 약속의 땅까지 백성을 인도할 허락을 받지 못한 것이었다. 하나님께서는 우리에게 율법을 순종함으로써 기업을 얻을 수 없음을 가르쳐 주시기를 원하셨다. 대신 하나님께서는 백성들을 인도하여 기업을 얻게 하도록 여호수아를 세우셨다. 여호수아는 예수 그리스도의 모형이다. "여호수아"는 '여호와는 구원이시다' 라는 뜻이다. 따라서 "여호수아"는 신약성경에서 살아 있는 말씀인 "예수"를 구약적으로 번역한 말이다. 하나님께서는 모세 대신 여호수아를 사용하셔서 율법을 통해서가 아니라 승리하신 예수 그리스도를 통하여 영적 기업을 얻어야 할 것을 보여 주셨다.

당신은 당신의 기업인 이 약속의 땅에 얼마나 가까이 있는가? 가나안은 하늘나라의 모형이 아니라 그리스도 안에 있는 우리 기업의 모습이다. 어떤 사람들은 그 땅에 대해서 아무것도 알지 못한다. 그들은 잃은 바 되었다. 또 어떤 사람들은 그 곳에 대해 알고 있기는 하지만, 모세가 애굽에서 인도해 낼 때 섞여 왔던 무리처럼 뒤로 물러가고자 한다. 이런 그리스도인들은 그리스도 안에서 승리의 삶을 조금은 알고 맛보았지만 세상으로 되돌아가고 싶어한다. 그들은 마치 죽임을 당했던 10명의 정탐꾼들과도 같다. 그들은 그 땅에 들어가 보았고 그 땅에서 난 열매를 맛보았으며, 그 땅의 풍요로움을 보았지만 불신앙으로 인해 그것을 누리지는 못했다.

또 다른 부류의 사람들은 마치 요단강 저편에 살았던 두세 지파처럼 그 땅의 경계지대에 머물러 살고 있다. 그들은 그리스도 안의 생명인 그 땅 가까이에 있지만 여전히 소유하지는 못한다. 모세와 같이 우리들 대부분은 기도의 의미를 잊고 있고 또 기도를 방해하는 죄들을 갖고 있기 때문에 기도를 응답받는 축복을 경험하지 못하고 있다. 우리는 자기의 소원을 이루어 달라고 하나님과 논쟁하며 또 그분을 설득시키고 애쓰는 대신, "주의 뜻이 이루어지이다"라고 말하며 그분의 계획하심에 자신을 맡겨야 한다. 더욱이 만일 하나님과의 사이를 가로막는 불신앙, 교만, 거역 또는 그 밖의 죄를 범하고 있다면, 은혜의 보좌 앞에 나아가 하나님과 교제를 나누기 전에 먼저 우리 마음을 살펴보아야 한다.

우리는 모든 죄로부터 마음을 깨끗이 지켜야 한다. 우리는 기도에 응답받지 못해 괴로워할 때에도 여전히 하나님의 은혜가 내게 족하다는 사실을 기억해야 한다. 모세는 생전에 그 땅에 들어가지 못했지만 마침내 그는 그 땅에 들어가 변화산상에서 그리스도와 함께 설 수 있는 특권을 누리게 되었음을 본다(마 17:1~3 참조).
이와 마찬가지로 우리가 심은 것은 우리가 거둬야 하지만, 우리가 하나님 앞에서 자신의 죄를 인정할 때, 하나님께서 우리 죄를 용서해 주시는 은혜로 말미암아 우리는 언제든지 새 힘을 얻을 수 있다. "그러므로 우리가 긍휼하심을 받고 때를 따라 돕는 은혜를 얻기 위하여 은혜의 보좌 앞에 담대히 나아갈 것이니라"(히 4:16).

"너희가 대답하여 내게 이르기를 우리가 여호와께 범죄하였사오니 우리 하나님께서 우리에게 명하신 대로 우리가 올라가서 싸우리이다 하고 너희가 각각 병기를 띠고 경솔히 산지로 올라가려 할 때에 여호와께서 내게 이르시되 너는 그들에게 이르기를 너희는 올라가지 말라 싸우지도 말라 내가 너희 중에 있지 아니하니 너희가 대적에게 패할까 하노라 하셨다 하라 하시기로 내가 너희에게 고하였으나 너희가 듣지 아니하고 여호와의 명을 거역하고 천자히 산지로 올라가매 그 산지에 거하는 아모리 족속이 너희를 마주 나와서 벌떼같이 너희를 쫓아 세일 산에서 쳐서 호르마까지 미친지라 너희가 돌아와서 여호와 앞에서 통곡하나 여호와께서 너희의 소리를 듣지 아니하시며 너희에게 귀를 기울이지 아니하셨으므로 너희가 가데스에 여러 날 동안 거하였었나니 곧 너희가 그곳에 거하던 날 수대로니라"(신 1:41~46).

하나님은 우리의 완고함이 그 결과를 초래할 때까지 우리를 내버려두신다.
그러므로 우리가 기도의 올바른 목적을 이해하고 정직하게 하나님의 뜻을 구해야 하는 것은 필수적이다.

하나님은 은혜로우시며 오래 참으신다. 우리가 어떤 일에 실패하여 넘어지게 되면, 하나님은 당신의 백성 된 우리에게 자주 다른 기회를 허락해 주신다. 아브라함은 애굽왕에게 사라가 자기 누이라고 거짓말을 한 후에 제단으로 다시 돌아와 그 사실을 하나님께 고백할 수 있었다(창 12:10~13:4 참조). 이삭 또한 자기 아내에 대해 거짓말을 했으나 하나님께서는 이삭을 용서하셨고, 그에게 새로 시작할 수 있는 기회를 주셨다(창 26:6~12 참조). 야곱은 형 에서로부터 기업과 축복을 가로채는 계획을 꾸몄으나, 하나님께서는 여전히 야곱을 통해 아브라함과 맺은 언약을 이루어 가셨다(창 27:1~28:4 참조).

또한 하나님께서는 니느웨로 가라는 하나님의 명령을 거역하는 커다란 죄를 범했던 요나에게도 또 다른 기회를 주셨다.

"여호와의 말씀이 두번째 요나에게 임하니라 이르시되 일어나 저 큰 성읍 니느웨로 가서 내가 네게 명한 바를 그들에게 선포하라"(욘 3:1, 2).

이런 맥락에서 성경에 나오는 가장 전통적인 실례는 주님을 세 번씩이나 부인했던 사도 베드로의 경우이다(눅 22:54~62 참조). 그래도 하나님께서는 그를 아주 버리지 않으셨다. 부활하신 후에 주께서는 베드로를 용서하시고 회개시키셔서 그에게 또 다른 새로운 기회를 주셨다.

우리는 풍부한 사랑과 긍휼 가운데 용서를 베푸시는 하나님을 섬기고 있다. 그러나 결코 이 하나님의 은혜를 악용하려고 해서는 안 된다. 자신의 죄를 고백했기 때문에 어떤 행동을 하더라도 아무런 징계도 받지 않으리라고 생각해서는 안 된다. 하나님께서는 우리를 기꺼이 용서하시지만 우리의 삶이 죄짓기 이전의 상태 그대로 유지된다는 보장은 해주시지 않았다. 이스라엘 백성들은 가데스 바네아에서 어려운 방법을 통해 이 교훈을 배웠다.

약속의 땅 가나안의 경계지역에 이르러 그들은 땅을 탐지하기 위해 정탐꾼들을 보냈다(민 13:1~25 참조). 정탐꾼들은 돌아와서 그 땅이 실로 기름진 땅이라고 보고했다. 그런데 정탐꾼들 중에 열 명은 가나안 원주민들이 너무 강해서 그들을 정복할 수 없을 것이라고 경고했다(민 13:26~33 참조). 그러나 여호수아와 갈렙은 승리하게 하실 하나님을 의지하자고 백성들을 설득시키기 위해 애를 썼다.

"우리가 곧 올라가서 그 땅을 취하자 능히 이기리라"(민 13:30).

그래도 이스라엘 자손들은 하나님을 신뢰하지 않고 열 명의 정탐꾼들의 말을 따랐다. 그래서 그들은 다시 애굽으로 돌아가기를 원했다 (민 14:1~4 참조).

　이러한 불신앙으로 인해 하나님께서는 이스라엘 백성들을 징계하셨다. 불신앙을 가졌던 열 명의 정탐꾼들은 즉시 재앙으로 죽었다 (민 14:36, 37 참조). 그리고 하나님께서는 나머지 백성들도 20세 이상의 모든 사람이 죽기까지 광야에서 유리하게 될 것이라고 말씀하셨다(민 14:28~35 참조). 이스라엘 자손들은 광야에서 40년을 기다린 후에야 비로소 새로운 세대가 약속의 땅에 들어갈 수 있었다. 그러나 여호와의 종 모세가 이와 같은 하나님의 말씀을 전달하였지만, 백성들은 그들 스스로의 힘으로 그 땅을 정복하기로 마음먹었다.

　우리는 민수기 14장 39절에서 45절의 말씀에서 이 사실을 알 수 있다.
"모세가 이 말로 이스라엘 모든 자손에게 고하매 백성이 크게 슬퍼하여 아침에 일찍 일어나 산꼭대기로 올라가며 가로되 보소서 우리가 여기 있나이다 우리가 여호와의 허락하신 곳으로 올라가리니 우리가 범죄하였음이니이다 모세가 가로되 너희가 어찌하여 이제 여호와의 명령을 범하느냐 이 일이 형통치 못하리라 여호와께서 너희 중에 게시지 아니하니 올라가지 말라 너희 대적 앞에서 패할까 하노라 아말렉인과 가나안인이 너희 앞에 있으니 너희가 그 칼에 망하리라 너희가 여호와를 배반하였으니 여호와께서 너희와 함께 하지 아니하시리라 하나 그들이 그래도 산꼭대기로 올라갔고 여호와의 언약궤와 모세는 진을 떠나지 아니하였더라 아말렉인과 산지에 거하는 가나안인이 내려와 쳐서 파하고 호르마까지 이르렀더라"(민 14:39~45).

　모세는 그의 마지막 설교에서 이 사건을 다시 언급하면서 백성들에게 이렇게 상기시켜 주었다.
"너희가 대답하여 내게 이르기를 우리가 여호와께 범죄하였사오니 우리 하나님께서 우리에게 명하신 대로 우리가 올라가서 싸우리이다 하고 너희가 각각 병기를 띠고 경솔히 산지로 올라가려 할 때에 여호와께서 내게 이르시되 너는 그들에게 이르기를 너희는 올라가지 말라 싸우지도 말라 내가 너희 중에 있지 아니하니 너희가 대적에게 패할까 하노라 하셨다 하라 하시기로 내가 너희에게 고하였으나 너희가 듣지 아니하고 여호와의 명을 거역하고 천자히 산지로 올라가매 그 산지에 거하는 아모리 족속이 너희를 마주 나와서 벌떼같이 너희를 쫓아 세일산에서 쳐서 호르마까지 미친지라 너희가 돌아와서 여호와 앞에서 통곡하나 여호와께서 너희의 소리를 듣지 아니하시며 너희에게 귀를 기울이지 아니하셨으므로 너희가 가데스에 여러 날 동안 거하였었나니 곧 너희가 그 곳에 거하던 날 수대로니라"(신 1:41~46).

　이 구절에서 우리는 이스라엘 백성들이 하나님께 기도하며 그들의 죄를 고백하는 모습을 볼 수 있다. 그렇지만 하나님께서는 그들의 기도에 귀를 기울이지 않으셨고 그들을 본래의 상태로 환원시켜 주지도 않으셨다. 그렇다면 왜 하나님께서는 그들이 승리하도록 오랫동안 허락하지 않으셨는가? 그분은 이미 약속의 땅을 그들에게 주셨고 그들 또한 그 땅을 얻기 원했다. 그러나 하나님께서는 그들의 마음이 바르지 못함을 아셨기 때문에 기도에 응답하지 않으셨고 승리를 보장하지도 않으셨다. 또한 영적인 문제에 대해 그들이 합당한 관점을 갖지 않았음을 아셨다. 이스라엘 백성들이 갖고 있었던 영적인 문제점 몇 가지를 살펴보고 그들이 그것을 어떻게 잘못 이해하고 있었는지 주목해 보자.

죄에 대한 그릇된 견해

이스라엘 백성들은 자신들의 죄를 고백했다. 그러나 하나님께서는 그들의 호소를 듣지 않으셨다. 하나님께서는 왜 그들의 호소를 듣지 않으셨는가? 그것은 이스라엘 백성들이 죄에 대하여 매우 그릇된 견해를 가지고 있었기 때문이다. 그들은 "우리가 범죄하였노라"고 입으로는 고백했지만 마음은 그렇지 않았다. 자신의 죄를 단순히 인정하는 것이 진정한 회개가 될 수는 없다. 우리는 성경에서 이렇게 입으로만 고백했던 사람들의 실례를 찾아볼 수 있다. 아무튼 동일한 말을 하더라도 의미는 다를 수 있다.

발람은 하나님의 명령에 불순종하였을 때 "내가 여호와께 범죄하였노라"고 말했다. 그러나 그는 실제로 회개한 것은 아니었다(민 22:20~34 참조). 마찬가지로 바로도 하나님께서 애굽에 재앙을 내리셨을 때 그와 동일한 말을 했다. 그러나 그 고백 역시 위선적인 것이었다(출 9:27~35 참조). 그러나 진실한 회개로써 자신들의 죄를 인정했던 부류도 있다. 다윗이 우리아를 죽이고 그의 아내를 취하는 죄를 지었을 때. 그는 "내가 여호와께 범죄하였노라"(삼하

12:13)고 말했다. 탕자도 집으로 돌아오면서 "내가 죄를 얻었사오니"(눅 15:21)라고 고백했다. 위의 각각의 경우에 있어서 하나님은 그들의 동기와 마음 자세를 시험하시고, 그들의 말에 의해서가 아닌 마음과 행위를 보시고 응답의 근거로 삼으셨다.

이스라엘 자손들이 "우리가 여호와께 범죄하였사오니"(신 1:41)라고 말은 했지만, 그 말이 끝난 후에 즉시로 그들이 취했던 행동은 그들이 진정으로 회개하지 않았음을 보여 준다. 그들은 말했다. "우리가 올라가서 싸우리이다"(신 1:41).
싸우겠다는 이 말은 매우 당황케 하는 말이다. 하나님께서 그들과 함께하지 않으실 것이기 때문에 그 땅을 치러 올라가지 말라고 말씀해 주셨지만 그들은 어찌하든지 올라가서 싸우겠다고 고집을 부렸다. 두말 할 나위도 없이 그들은 패했다.

그리고 나서 그들은 돌아와 하나님께 부르짖었다. 그러나 하나님은 그들에게 이렇게 말씀하셨다.
"너희의 마음이 바르지 못한 연고로 나는 너희의 기도에 관심도 갖지 않고 너희가 무슨 말을 하든지 듣지 않을 것이다. 너희는 바른 태도를 갖고 있지 않으며 죄에 대해서도 잘못된 생각을 하고 있다."
이스라엘 백성들이 지은 죄는 무엇이었는가? 첫째로, 그들은 불신앙의 죄를 지었다. 그들은 "올라가 땅을 취하라"고 말씀하신 하나님을 믿지 않았다. 둘째로, 불신앙은 불순종을 초래하기 때문에 그들은 가나안 땅으로 들어가기를 거절했다. 셋째로, 그들은 원망하는 죄를 지었다. 그들은 "애굽으로 돌아가자 어찌하여 우리가 이 광야에서 죽으리요"(민 14:3, 4)라고 불평했다.

그들의 원망과 불순종을 보고 모세는 이렇게 말했다.
"여호와의 말씀에 나의 삶을 가리켜 맹세하노라 너희 말이 내 귀에 들린 대로 내가 너희에게 행하리니 너희가 하나님을 거역한 연고로 20세 이상으로 계수함을 받은 자들이 죽기까지 이 광야에서 방황하게 되리라"(민 14:28, 29).
이러한 죄들이 이스라엘 자손을 더욱 절망적인 상태로 이끌어 갔고, 그 절망 상태에서 그들은 더욱 뻔뻔한 모습을 드러냈다. 그들은 "우리가 잘못 행했습니다. 이제 올라가 하나님께서 전에 우리에게 취하라고 하셨던 땅을 취하겠습니다"(민 14:40~45 참조)라고 말했다. 그러나 그들은 자신들의 죄가 얼마나 중한 것이었는지 깨닫지 못했다. 그들은 자신들이 잘못했다고 하나님께 말하기만 하면 모든 것이 잘 될 것이라고 생각했다. 그들은 그 땅을 정복할 때 하나님께서 도와 주실 것이라고 믿었다.

이렇게 자신들의 죄에 대해 그릇된 견해를 갖고 있었기 때문에 그들은 하나님의 영광을 잃고 그분의 분명한 뜻에 불순종했다. 이런 이유로 하나님은 그들의 기도를 들어주실 수가 없었다. 이스라엘 백성들과 마찬가지로 우리 또한 자주 죄에 대해 올바르게 깨닫지 못한다. 불순종, 거역, 불신앙의 죄가 실제로 얼마나 심각한지 깨닫는다면, 우리는 그러한 죄들을 다시는 짓지 않으려고 할 것이다. 하나님께서는 만일 우리가 불신앙의 악한 마음을 갖고 있다면, 우리의 종말은 광야에서의 이스라엘 백성들과 같을 수밖에 없다고 경고해 주고 계신다(히 3:7~4:1 참조).

하나님의 용서에 대한 그릇된 견해

이스라엘 백성들은 죄에 대해서 뿐 아니라 하나님의 용서하심에 대해서도 그릇된 견해를 가지고 있었다. 비록 그들이 자신들의 죄의 결과로 고통을 겪어야 했지만 하나님께서는 불신앙과 불순종의 죄를 용서해 주셨다. 민수기 14장 40절은 이 사실에 대해 말해 준다. "여호와께서 가라사대 내가 네 말대로 사하노라"(민 14:20). 그러나 그들은 용서받은 것에 대해 감사하지 않았다. 그들은 오직 약속의 땅에 들어갈 수 없도록 내려진 징벌에만 관심을 쏟았다.

앞에서 우리는 하나님께서 이스라엘 백성들의 죄를 사하신 것은 그들 때문이 아니라 모세의 기도 때문이었음을 살펴보았다. 그들이 저지른 죄로 크게 진노하신 하나님은 노아 때처럼 온 백성을 멸하시고, 모세와 그 자손으로 다시 시작하시고자 하셨다. 이때 모세는 하나님께 이방 사람들이 하나님께서 당신의 백성을 그 땅으로 인도하실 능력이 없으므로 그들을 광야에서 죽였다고 말할 것이라고 주장하면서 그 백성을 용서해 주시도록 간구했다(민 14:13~16 참조). 하나님께서는 모세의 기도를 들으시고 그를 위하여 백성을 용서하시고(백성들이 당연히 용서를 받을 만하였기 때문이 아니라), 그들의 자손으로 하여금 40년 후에 그 땅에 들어가게 할 것을 허락하셨다.

백성들을 위한 모세의 간청을 통해 우리는 하나님의 용서하심에 대해 중요한 진리를 발견할 수 있다. 모세는 말했다.

"여호와는 노하기를 더디 하고 인자가 많아 죄악과 과실을 사하나 형벌받을 자는 결단코 사하지 아니하고 아비의 죄악을 자식에게 갚아 삼사대까지 이르게 하리라 하셨나이다"(민 14:18).

하나님은 참으로 오래 참으시고 긍휼이 많으신 분이시다. 우리가 참된 회개로써 그분 앞에 나아갈 때 하나님은 우리를 용서해 주신다. 그러나 이것은 우리가 지은 죄의 결과를 없애 주신다는 것을 의미하는 것은 아니다. 때로 우리 자녀와 심지어 손자들은 이르기까지 우리가 이미 행한 것으로 말미암아 고통스러운 결과를 그들이 감당해야만 한다.

이스라엘 자손들은 자신들이 지은 죄로 인해 나타난 결과만을 보았기 때문에 용서받은 것에 대해 감사하지 않았다. 그 백성들은 하나님의 용서하심을 받고 하나님께 더욱 헌신하고 순종할 수 있었을 것이다. 시편 130편 4절은 "그러나 사유하심이 주께 있음은 주를 경외케 하심이니이다"라고 하였다. 백성들이 하나님의 용서하심을 진정으로 이해하고 그것이 값싼 것이 아님을 깨달았다면, 그들은 하나님을 더욱 경외하는 자리에 이르렀을 것이다.

회개에 대한 그릇된 견해

이스라엘 백성들은 자신들의 죄가 얼마나 심각하고 하나님의 용서하심이 얼마나 위대한지 올바로 깨닫지 못하고 있었기 때문에 회개에 대해서도 매우 합당치 못한 견해를 갖고 있었다. 실제로 그 백성들은 진정으로 회개한 것이 아니었다. 그들은 단지 후회와 가책을 느꼈을 뿐이다. 바울은 고린도후서 7장 10절에서 후회와 회개 사이에는 어떤 차이점이 있는지를 지적해 준다.

"하나님의 뜻대로 하는 근심은 후회할 것이 없는 구원에 이르게 하는 회개를 이루는 것이요 세상 근심은 사망을 이루는 것이니라"(고후 7:10).

이스라엘 백성들은 자신들이 하나님께 범죄했다는 생각에서가 아니라 그들이 행한 일에 대한 세상적인 결과를 보고 더욱 큰 후회와 가책을 느꼈다. 그들은 자신들이 약속의 땅에 들어갈 수 없고 광야에서 죽어야만 한다는 사실을 알고 지은 죄에 대해 후회했다. 그들은 자신들의 내적 성품에는 관심이 없었고, 행실로 인한 결과에만 관심이 있었다. 그들은 오로지 징계를 피할 수 있게 되리라는 생각에서 자신들의 죄를 인정했을 뿐이다.

무디 성경학교의 교장이었던 컬버트슨 박사는 자주 "용서받은 죄의 결과"에 관하여 말했다. 우리가 죄를 회개할 때 하나님께서는 당신의 은혜 안에서 용서해 주시지만, 당신의 통치하심 안에서 "너는 네가 심은 대로 거둘 것이다"라고 말씀하신다. 참된 회개는 하나님의 뜻에 복종하고, 자신이 지은 죄의 결과를 받아들인다. 이스라엘 백성들이 자신들이 범죄했던 사실은 인정했지만 하나님의 징계를 받아들이기를 원치 않았다는 것은 그들이 진정으로는 회개하지 않았다는 것을 보여 준다. 그들은 겸손하게 하나님의 명령에 순종하는 대신에 아말렉인과 가나안인과 싸우러 나가지 말라는 하나님의 직접적인 명령에 불순종하였다(민 14:39~45 참조).

기도에 대한 그릇된 견해

더욱이 이스라엘 백성들은 기도에 대해서도 그릇된 견해를 가지고
있었다. 그들은 기도하면 하나님의 생각을 바꿀 수 있을 것이라고
믿었다. 드디어 그들은 모세가 기도했을 때 하나님께서 뜻을 바꾸셨
던(혹은 바꾸신 것처럼 보여졌던) 일을 기억했던 것이다. 그러나 기
도는 하나님의 생각을 변화시키는 것이 아니라 그분의 뜻을 발견하
는 데 진정한 목적이 있다. 그러므로 능력 있는 기도가 되기 위해서
는 그 기도가 하나님의 말씀과 일치되어야 한다.
"너희가 내 안에 거하고 내 말이 너희 안에 거하면 무엇이든지 원하는 대
로 구하라 그리하면 이루리라"(요 15:7).

  백성들은 하나님의 말씀을 듣지 않았고 명령에 불순종했다. 그렇
기 때문에 하나님께서는 그들의 기도에 응답해 주실 수가 없었다.
스가랴서 7장 12, 13절에는 기도와 하나님의 말씀이 어떤 연관이 있
는지에 대해 매우 흥미있게 언급되어 있다.
"그 마음을 금강석 같게 하여 율법과 만군의 여호와가 신으로 이전 선지자
를 빙자하여 전한 말을 듣지 아니하므로 큰 노가 나 만군의 여호와께로서
나왔도다 만군의 여호와가 말하였었노라 내가 불러도 그들이 듣지 아니하
였은즉 그들이 불러도 내가 듣지 아니하고"(슥 7:12, 13).

  여기에서 하나님은 "너희가 외쳐도 나는 듣지 않을 것이다. 그 이

유를 알고자 하느냐? 그것은 내가 부를 때 너희가 듣지 아니한 연고니라"고 말씀하셨다. 이 구절은 오늘날의 그리스도인들에게 있어서도 매우 심각한 의미를 던져 준다. 하나님께서는 우리가 그분을 대하는 대로 우리를 대해주신다. 만일 우리가 마음을 강퍅하게 하고 냉담히 하여 하나님의 말씀을 듣지 않고 순종하지 않는다면 우리가 도움을 구할 때 그분은 듣지 않으실 것이다.

하나님의 뜻에 대한 그릇된 견해

이스라엘 백성들은 죄와 하나님의 용서하심 그리고 회개와 기도에 대하여 매우 그릇된 견해를 가지고 있었다. 이러한 그릇된 개념을 갖게 된 원인은 그들이 하나님의 뜻에 대해 그릇된 생각을 갖고 있었기 때문이다. 백성들은 그들이 지켜야 할 하나님의 뜻이 무엇이며, 또 그것을 누가 어떻게 행해야 할 것인지 올바로 인식하지 못했다. 하나님께서는 이스라엘 백성들에게 이렇게 말씀하셨다.
"나의 뜻은 너희가 가나안 땅으로 들어가는 것이고 너희는 여호수아에 의하여 인도되어질 것이다. 내 능력으로 그 땅을 취하게 되리니 나의 영광을 위하여 이 일을 행하라. 나는 너희가 머뭇거리기를 원치 않고 나의 능력을 의지해 즉시로 가 그 땅을 정복하기 원한다."

그러나 백성들은 하나님의 지시를 따르지 않고 하나님의 뜻을 무시해 버렸으며 자신들의 계획을 따랐다. 그들은 하나님의 생각처럼 그 땅에 들어가기를 원하고는 있었지만, 자신들이 원하는 시기에 자신들이 원하는 방법으로 실행하고자 하였다. 우리도 히브리서에서 하나님의 때와 관련된 말씀을 찾아볼 수 있다.

"그러므로 우리는 두려워할지니 그의 안식에 들어갈 약속이 남아 있을지라도 너희 중에 혹 미치지 못할 자가 있을까 함이라"(히 4:1).

'미치지 못한다'라고 번역되어진 헬라어는 '늦게 도착하다' 혹은 '뒤에 떨어지다'라는 의미를 지닌 군대 용어이다. 이것은 행군 대열에서 벗어나 뒤에 처진 군인의 모습을 말한다.

그래서 이 구절은 다음과 같이 묘사될 수 있다.

"그러므로 그의 안식에 들어갈 약속이 우리에게 남아 있다 할지라도 너희 중에 혹 너무 늦게 도착하는 자가 없도록 우리는 두려워하자." 이 일이 이스라엘 백성에게 너무나 명백히 발생되었다. 그들은 너무 늦게 도착했다. 그들이 정탐꾼의 보고를 받았을 그때에 즉시 하나님을 신뢰했더라면 그들은 넉넉히 그 땅에 들어갈 수 있었을 것이다. 그러나 하나님의 뜻과 능력에 대해 의심했기 때문에 그들은 그 일을 미루었고, 그 다음 날 그들이 잘못되었다는 사실을 인식하였지만 그때는 이미 시간적으로 너무 늦었다.

그들은 하나님의 때 뒤에 떨어지게 되었고 하나님께서 그들을 위해 준비하신 안식에 들어가는 것을 놓치게 되었다. 하나님의 뜻과 어떤 게임을 하려고 하지 말라. 하나님께서는 뻔뻔스러움과 거짓 확신과 자기 뜻대로 행하는 것을 싫어하신다. 이스라엘 백성들이 그들의 죄를 인정했기 때문에 하나님께서는 여전히 그 땅을 정복하도록 그들을 도우실 수가 있었다. 그러나 그들에게는 뻔뻔스러움이 있었다. 모세가 하나님께서는 그들과 함께하지 않으실 것이라고 경고를 주었음에도 불구하고 그들은 자신들의 뜻을 완전하게 주장했고, 원수들과 싸우고자 자신만만하게 나아갔다. 그리고 결과적으로 그들은 완전히 패할 수밖에 없었다.

이와 마찬가지로 우리가 하나님의 뜻과 계획 밖에 있을 때조차도 하나님께서는 항상 우리를 도우실 것이라고 과신해서는 안 된다. 조지 맥도날드는 "사람이 하나님 없이 무엇을 하든지 간에 그는 비참하게 실패하고 말 것이다. 설령 성공한다 할지라도 그것은 비참한 모습일 뿐이다"라고 말했다. 하나님의 뜻을 따르지 않음으로 인해 우리가 자주 실패를 당하는 중에도 하나님께서는 때로는 우리의 뻔뻔스러움과 방자함 속에 우리를 그대로 방치해 두신다. 그러나 우리는 이 모든 일에 항상 후회할 뿐이다. 이스라엘 백성들의 경우에 하나님은 "너희가 이기지 못하리라"고 말씀하셨다. 그리하여 그들은 실제로 비참하게 패배하였다.

하나님께서는 우리를 자주 징계하신다. 하나님의 뜻을 경홀히 여겼을 때, 우리는 흔히 이렇게 외친다.
"오, 하나님! 예전의 그 길로 돌아가게 해 주소서!"
그럴 때 하나님은 이렇게 대답하실 수밖에 없다.
"그렇게 할 수가 없구나."
이스라엘 백성들의 경우와 마찬가지로 하나님은 자주 새로운 세대와 함께 다시 시작하실 수밖에 없다. 우리의 교회와 사역에도 이러한 경우가 흔히 생긴다. 때때로 우리는 우리의 가데스 바네아에 이르러 하나님이 우리를 위하여 준비하신 것을 단순히 믿음으로 믿고 들어가 주장할 필요가 있다.

그런데 그때 우리는 믿음으로 발을 내딛는 대신에 곧잘 뒤로 물러선다. 그런 다음에 오랜 시간을 지체하고 난 뒤에 우리는 뻔뻔스럽게도 하나님의 원래 계획보다 앞서 나가려고 애쓴다. 그러면 그때 하나님께서는 우리에게 이렇게 말씀하실 수밖에 없다
"미안하지만 안 되겠다. 지금 너를 축복할 수가 없구나."
이것이 바로 하나님께서 순종하라고 말씀하실 때 순종해야만 하는 중요한 이유가 된다.
"보라 지금은 은혜받을 만한 때요 보라 지금은 구원의 날이로다"(고후 6:2).

만일 하나님께서 당신에게 어떤 일을 하라고 말씀하신다면 그 일을 곧 행하라. 그분의 뜻을 뒤로 미루지 말라. 하나님께서는 우리가 자신이 범한 죄의 심각성을 인식하고 참된 회개와 복종의 자세로 나아올 때 당신의 은혜로 우리를 용서해 주신다. 또한 하나님께서는 당신의 주권으로 자녀들이 불순종할 때 사랑으로 징계하신다. 하나님은 우리의 완고함이 그 결과를 초래할 때까지 우리를 내버려두신다. 그러므로 우리가 기도의 올바른 목적을 이해하고 정직하게 하나님의 뜻을 구해야 하는 것은 필수적이다. 하나님의 자녀 된 우리는 그분의 뜻을 따라 행해야 함은 물론 그분께서 말씀하신 바로 그때에 그분의 뜻을 따라야 할 것이다.

죽기를 구하는 선지자 4

"아합이 엘리야의 무릇 행한 일과 그가 어떻게 모든 선지자를 칼로 죽인 것을 이세벨에게 고하니 이세벨이 사자를 엘리야에게 보내어 이르되 내가 내일 이 맘때에는 정녕 네 생명으로 저 사람들 중 한 사람의 생명 같게 하리라 아니하면 신들이 내게 벌 위에 벌을 내림이 마땅하니라 한지라 저가 이 형편을 보고 일어나 그 생명을 위하여 도망하여 유다에 속한 브엘세바에 이르러 자기의 사환을 그곳에 머물게 하고 스스로 광야로 들어가 하룻길쯤 행하고 한 로뎀나무 아래 앉아서 죽기를 구하여 가로되 여호와여 넉넉하오니 지금 내 생명을 취하옵소서 나는 내 열조보다 낫지 못하니이다 하고 로뎀나무 아래 누워자더니 천사가 어루만지며 이르되 일어나서 먹으라 하는지라 본즉 머리맡에 숯불에 구운 떡과 한 병 물이 있더라 이에 먹고 마시고 다시 누웠더니 여호와의 사자가 또다시 와서 어루만지며 이르되 일어나서 먹으라 네가 길을 이기지 못할까 하노라 하는지라 이에 일어나 먹고 마시고 그 식물의 힘을 의지하여 사십 주 사십 야를 행하여 하나님의 산 호렙에 이르니라 엘리야가 그곳 굴에 들어가 거기서 유하더니 여호와의 말씀이 저에게 임하여 이르시되 엘리야야 네가 어찌하여 여기 있느냐 저가 대답하되 내가 만군의 하나님 여호와를 위하여 열심이 특심하오니 이는 이스라엘 자손이 주의 언약을 버리고 주의 단을 헐며 칼로 주의 선지자들을 죽였음이오며 오직 나만 남았거늘 저희가 내 생명을 찾아 취하려 하나이다 여호와께서 가라사대 너는 나가서 여호와의 앞에서 산에 섰으라 하시더니 여호와께서 지나가시는데 여호와의 앞에 크고 강한 바람이 산을 가르고 바위를 부수나 바람 가운데 여호와께서 계시지 아니하며 바람 후에 지진이 있으나 지진 가운데도 여호와께서 계시지 아니하며 또 지진 후에 불이 있으나 불 가운데도 여호와께서 계시지 아니하더니 불 후에 세미한 소리가 있는지라 엘리야가 듣고 겉옷으로 얼굴을 가리우고 나가 굴 어귀에 서매 소리가 있어 저에게 임하여 가라사대 엘리야야 네가 어찌하여 여기 있느냐 저가 대답하되 내가 만군의 하나님 여호와를 위하여 열심이 특심하오니 이는 이스라엘 자손이 주의 언약을 버리고 주의 단을 헐며 칼로 주의 선지자들을 죽였음이오며 오직 나만 남았거늘 저희가 내 생명을 찾아 취하려 하나이다"(열왕기상 19:1~14).

때때로 하나님께서는 우리를 위한 더 큰 축복을 준비하고 계시기 때문에
특별한 기도에 대해 그 응답을 지연시키거나 거부하신다.

엘리야 선지자는 죽기를 원했다. 그는 자신이 실패한 사람이라고 생각했고, 그 때문에 하나님께 생명을 거두어 주시기를 구했다. 엘리야는 갈멜산에서 450명의 바알 선지자들과 대결하여 막 승리를 거둔 참이었다. 하나님께서는 하늘로부터 불을 보내셔서 그의 제물을 태우심으로 승리하게 하셨다(왕상 18:17~40 참조). 이 일 외에도 그는 기근이 몹시 심할 것이라고 예언했고, 그 예언대로 하나님께서는 3년 6개월 동안 비를 내리지 않으셨다. 그 후에 다시 엘리야가 비가 오기를 위해 기도하자 하나님께서는 폭우를 내리셨다(왕상 18:41~46 참조).

하나님께서는 당신의 종인 엘리야를 통해 커다란 능력의 역사를 행하셨다. 이런 이유로 포악한 왕 아합과 왕비 이세벨은 엘리야를 매우 증오했다. 열왕기상 19장 1절부터 3절에서 이 사실을 찾아볼

수 있다.

"아합이 엘리야의 무릇 행한 일과 그가 어떻게 모든 선지자를 칼로 죽인
것을 이세벨에게 고하니 이세벨이 사자를 엘리야에게 보내어 이르되 내가
내일 이맘 때에는 정녕 네 생명으로 저 사람들 중 한 사람의 생명같게 하
리라 아니하면 신들이 내게 벌 위에 벌을 내림이 마땅하니라 한지라 저가
이 형편을 보고 일어나 그 생명을 위하여 도망하여 유다에 속한 브엘세바
에 이르러 자기의 사환을 그곳에 머물게 하고"(왕상 19:1~3).

자기를 죽이겠다고 한 이세벨의 살인 계획을 전해 들은 엘리야는
살기 위해 도망쳤다. 그는 이스르엘에서 이스라엘 외곽지대인 브엘
세바까지 약 160km 정도를 달아났다. 앞에서 엘리야가 행한 능력
있는 역사를 미루어 볼 때 어떻게 그 선지자가 하나님께서 보호하실
것을 신뢰하지 않고 이세벨을 피해 도망쳤는지 참으로 이해하기가
힘들다. 그는 맞서서 싸우기보다는 그저 광야로 도망가서 죽기를 구
했던 것이다.

하나님께서 함께하시는 것을 확실하게 체험한 엘리야가 왜 낙심하
게 되었는가? 왜냐하면 그는 지금까지 하나님의 메시지를 충성스럽
게 선포해 왔는데, 지금 그의 눈앞에 닥친 것은 생명에 위협뿐이었
기 때문이다. 그는 자신만이 유일하게 남겨진 '충성된 자'라고 믿고
있었다. 다른 수많은 위대한 지도자들처럼 엘리야 역시 말씀을 계속
선포하기보다는 도리어 죽기를 구했다. 모세 또한 자신의 힘으로는
짐이 너무 무겁다고 느꼈기 때문에 하나님께 자신의 생명을 거둬 주
시기를 기도했다(민 11:11~15 참조).

마찬가지로 요나도 니느웨 백성들이 회개하고 하나님께 용서받도록 하기보다는 오히려 자신이 죽기를 구했다. 예레미야 또한 욥이 그랬던 것처럼(욥 3:1~16 참조) 자신이 태어난 날을 저주했다(렘 20:14~18 참조). 이들은 모두 위대한 하나님의 사람들이었지만 가장 위대한 일을 했던 때조차 그들은 여전히 '사람'에 불과했다. 야고보서 5장 17절은 엘리야 역시 우리와 같은 성정을 가진 사람이었다고 기록하고 있다.
"엘리야는 우리와 성정이 같은 사람이로되 …" (약 5:17).

이러한 예를 통해 우리는 결코 어떠한 설교자나 그리스도의 일꾼이라 할지라도 그를 신격화해서는 안 된다는 것을 기억해야 한다. 만약 누군가를 신격화하고 있다면 그의 얼굴을 보지 말고 그의 발을 보라. 그 사람의 발을 볼 때 우리는 그 또한 약점을 가졌다는 사실을 확실하게 알 수 있다. 모든 사람은 최고봉에 이르렀을 때조차 여전히 한 사람에 불과하다. 그들은 넘어지고 말 것이다. 성경에 나오는 위대한 인물 가운데 몇몇은 가장 강하게 보이는 바로 그 지점에서 넘어졌다. 온유하고 겸손했던 하나님의 종 모세는 교만하고 자랑하는 마음에 넘어졌고, 위대한 믿음의 사람 아브라함도 하나님을 의심하고 그의 아내에 관해 거짓말을 했으며, 용기 있는 사람 베드로는 사람들이 두려워 세 번이나 주님을 부인했다. 교회 지도자들 역시 완전하지 못하다는 사실을 기억한다면 우리는 그들의 사역을 더 잘 이해하고 도울 수 있을 것이다.

무척 어렵고 낙심되는 상황에 처하게 되자 엘리야는 대부분의 사람들과 같이 죽음으로써 자신에게 닥친 곤경을 모면하기를 원했다. 그러나 하나님께서는 그의 기도에 응답하지 않으셨고, 대신 그가 길을 가는 데 필요한 육신의 양식과 영적 용기를 주셨다. 왜 하나님께서는 엘리야의 그러한 기도에 응답하지 않으셨는가? 앞으로 우리는 하나님께서 그와 같이 하신 이유를 이해하는 데 도움을 주는 몇 가지 중요한 요인들을 발견하게 될 것이다. 하나님께서는 우리의 기도에 대한 응답의 여부를 가리시는 데 있어서 다음과 같은 것들을 검토하신다.

하나님은 그의 뒤를 보셨다

엘리야가 죽기를 구했을 때 하나님께서는 먼저 그의 과거를 보시고 그가 걸어 온 길을 살피셨다. 갈멜산에서 있었던 바알 선지자와의 대결로 엘리야는 영적, 육체적, 그리고 정서적으로 크게 지쳐 있었다. 당시 그는 목숨이 위태로운 상태에서 몹시 지쳐 있었고, 정신 상태 역시 극도로 예민해져 있었다. 정서적으로나 육체적으로 그는 어려운 상태에 있었다. 우리는 육체적으로 피곤하고 주려 있을 때 정서적으로도 쉽게 불안정하게 될 수 있다. 이러한 정신 상태에서는 때때로 마음에도 없는 말을 하게 된다.

하나님께서는 이런 인간의 본성을 잘 아시고 우리를 사랑하시며 우리가 불순종할 때조차도 우리에게 가장 필요한 것이 무엇인지 알고 계신다.

"아비가 자식을 불쌍히 여김 같이 여호와께서 자기를 경외하는 자를 불쌍

히 여기시나니 이는 저가 우리의 체질을 아시며 우리가 진토임을 기억하심
이로다"(시 103:13, 14).

하나님께서는 우리의 요구를 들으실 때 인간의 본성과 그 문제점을
헤아려 보신다. 그리고 우리가 구한 것이 최선의 해결책이 아닐 때 때
때로 우리의 기도에 응답하지 않으신다.

하나님께서는 엘리야가 겪은 최근의 사건을 돌아보시고, 그가 죽
기를 구한 것이 정말로 죽기를 원해서가 아니라 영적, 육체적, 그리
고 정서적으로 극도로 지쳐 있는 상태에서 나온 말임을 아셨다. 그
래서 하나님은 엘리야가 죽기를 구한 기도에는 응답하지 않으시고
실제로 그에게 필요한 음식과 물을 천사를 통해 보내 주셨다. 그런
후에 하나님은 당신의 크신 능력을 선지자에게 되새기셨던 호렙산
으로 엘리야를 인도하셨다. 이 일로 엘리야는 믿음과 영적인 힘을
되찾고 원수들에게 되돌아가 싸울 수 있도록 준비되었다(왕상
19:15~19 참조).

하나님은 그의 안을 보셨다

하나님께서는 엘리야가 겪었던 과거의 일을 살피셨을 뿐만 아니라.
마음속에 실제로 어떤 문제들이 있는지 보셨다. 그때 엘리야의 마음
은 불신앙으로 가득 차 있었다. 이세벨이 자기를 죽이려고 한다는
소식을 듣고 광야로 도망친 엘리야는 이렇게 소리쳤다.
"여호와여 내 생명을 취하소서."
확실한 것은 엘리야가 정말로 죽기를 원한 것은 아니라는 사실이다.

만일 그것이 사실이었다면 그는 도망치지 않고 이세벨이 자기를 죽이도록 하였을 것이다. 마찬가지로 나는 이세벨 또한 실제로 엘리야를 죽이고자 하지는 않았을 것이라고 생각한다. 그녀는 다만 엘리야가 두려워하도록 위협했을 뿐이다.

엘리야는 지금 막 바알 선지자들에 대항하여 위대한 승리를 거두었다. 제물을 사르는 하나님의 능력을 본 백성들은 이렇게 외쳤다. "여호와 그는 하나님이시로다 여호와 그는 하나님이시로다"(왕상 18:39). 이세벨은 이 사실이 온 백성에게 전파되고 그들이 하나님께 돌아가게 될 거대한 부흥이 엘리야를 통해 일어날 것을 두려워했다. 그래서 엘리야가 광야로 도망쳐 버린 것은 이세벨이 원했던 바가 정확히 이루어진 셈이다. 엘리야는 믿음으로 행치 않고 보이는 것을 따라 행했다. 선지자가 행한 이 모든 일을 듣자, 그녀는 "내가 너를 죽이리라"(왕상 19:2)고 말했다. 그리고 그 다음 절에서 우리는 엘리야의 반응을 볼 수 있다.
"저가 이 형편을 보고 일어나 그 생명을 위하여 도망하여"(왕상 19:3).

엘리야는 자기를 보호해 주실 하나님을 의지하는 대신에 환경을 바라봄으로써 두려움에 빠졌다. 이 사건이 일어나기 전에 엘리야는 하나님께서 무엇을 행하라고 말씀하시든지 간에 항상 하나님의 말씀을 그대로 순종했다. 우리는 열왕기상 17장 2, 3절에서 이런 사실을 찾아볼 수 있다.
"여호와의 말씀이 엘리야에게 임하여 가라사대 너는 여기서 떠나 동으로 가서 요단 앞 그릿 시냇가에 숨고"(왕상 17:2, 3).

다음 구절에도 이런 내용이 나타난다.

"여호와의 말씀이 엘리야에게 임하여 가라사대 너는 일어나 시돈에 속한 사르밧으로 가서 거기 유하라 내가 그 곳 과부에게 명하여 너를 공궤하게 하였느니라"(왕상 17:8, 9).

그 후에 엘리야는 자신의 생명이 위험에 처할 것을 알면서도 하나님께서 아합왕 앞에 그의 모습을 보이라고 말씀하셨을 때 즉시로 말씀을 따라 행했다(왕상 18:1, 2 참조). 그러나 사단은 하나님의 말씀에 의심없이 견고하게 순종했던 엘리야의 마음속에서 움직이기 시작했다. 그래서 엘리야가 의심하는 마음을 품고 안절부절못하도록 만들었다. 그는 하나님께서 그 뜻을 보이시기까지 기다리는 대신 하나님보다 앞서 나아갔다. 그러나 이사야 28장 16절은 우리에게 다음과 같은 사실을 말해준다.

"그것을 믿는 자는 급절하게 되지 아니하리로다"(사 28:16).

엘리야는 또한 교만한 마음을 품고 이렇게 말했다.

"스스로 광야에 들어가 하룻길 쯤 행하고 한 로뎀나무 아래 앉아서 죽기를 구하여 가로되 여호와여 넉넉하오니 지금 내 생명을 취하옵소서 나는 내 열조보다 낫지 못하니이다"(왕상 19:4).

엘리야는 그가 해야 할 사역보다는 자신이 지니고 있는 평판에 대해 더 많은 관심을 가지고 있는 것처럼 보인다. 더욱이 엘리야는 자기 연민에 빠져 자신을 불쌍히 여겼다. 그는 무척이나 열심히 일했었지만 그에게 돌아온 성과는 오로지 증오뿐이었다.

그래서 이제 그는 하나님의 일을 행하는 대신 자신을 보호하기로 마음먹었다. 그러나 예수께서는 말씀하셨다.

"자기 목숨을 얻는 자는 잃을 것이요 나를 위하여 자기 목숨을 잃는 자는 얻으리라"(마 10:39).

하나님을 의지하고 이세벨과 맞서는 대신 엘리야는 자기 연민에 빠져 광야로 도망쳤다. 그는 실의에 빠져 홀로 있었다. 이렇게 심한 좌절 가운데 처해 있을 때 혼자 많은 시간을 보내는 것은 좋지 않다. 혼자 있는 것은 더 심한 우울과 자기 연민에 빠지게 할 뿐이다. 엘리야도 자기의 종을 브엘세바에 남겨두기보다는 함께 데려갔어야 했다.

광야에서 하나님은 엘리야에게 약 320km 쯤 떨어진 호렙산에서 당신을 만날 것을 지시하셨다. 이곳은 모세가 하나님과 대화를 나누었던 바로 그 장소였다. 엘리야가 그 곳까지 가는 데는 통상적으로 그렇게 긴 시간을 소요하는 거리는 아니었음에도 불구하고 그에게는 40일이나 걸렸다. 분명히 엘리야는 그 곳까지 가라는 하나님의 명령에 불만을 품고 방황했을 것이다. 그러나 하나님께서는 그가 방황했다고 말씀하지 않으셨다. 하나님은 호렙산에서 엘리야에게 실제로 이렇게 말씀하셨다.

"엘리야야. 네게 생긴 모든 문제는 네가 너의 눈을 들어 나를 보지 않고 사람들을 본 연고로 기인된 것이다."

엘리야의 경우처럼 목회자들은 때때로 낙심하고 지친다. 그러므로 여러분의 교회의 목회자가 설교를 끝낸 직후에 그에게 가서 비평을 가하는 것은 좋지 않다. 설교를 막 끝냈을 때 그때는 목회자에게 있어서 가장 피곤하고 신경이 예민한 시간이기 때문이다. 그때에는 하나님만 주실 수 있는 특별한 휴식이 필요하다. 당신의 목회자가 설교를 마친 후에 곧바로 그를 비방하지 말라. 왜냐하면 그때는 목회자가 하나님의 말씀을 전하며 놀라운 시간을 가진 후라서 쉽게 상처받을 수 있기 때문이다. 그러므로 비평을 하려면 그가 쉬면서 새 힘을 얻을 때까지 기다려라.

하나님께서는 불신앙, 조급함, 교만함 그리고 자기 연민으로 가득 차 있는 엘리야의 마음을 바라보셨다. 그분은 또한 엘리야가 믿음으로 살지 않고 보는 것에 따라 행하고 있음 또한 살펴셨다. 선지자 엘리야는 하나님을 바라보는 대신 부패한 이스라엘 백성과 이세벨 그리고 자기 자신에게 시선을 옮겼다. 그래서 엘리야는 잘못된 동기와 인식을 갖고 기도했다. 사실 그에게는 자신의 목숨을 끝내는 것이 아니라 마음의 변화가 필요했다.

하나님은 그의 앞을 보셨다

하나님께서 엘리야의 기도에 응답하실 수 없었던 또 다른 이유가 있다. 하나님은 엘리야의 뒤, 즉 그가 걸어온 과정과 그의 안, 즉 그의 영적인 상태를 보셨을 뿐만 아니라, 그의 앞을 내다보시며 당신이 엘리야를 위해 계획하신 것을 보셨다. 만약 하나님께서 엘리야의 기도에 응답하셨다면 과연 어떤 일이 일어났을까? 만일 하나님께서 "좋다, 엘리야야, 내가 너를 죽게 해주마. 광야에 누워 내가 너의 목숨을 취할 때까지 기다리고 있거라" 하고 말씀하셨다면, 엘리야는 자기 생애를 통해 이루고자 하시는 하나님의 놀라운 계획을 결코 깨닫지 못했을 것이다.

하나님께서는 결코 엘리야를 죽일 계획이 없으셨다. 그 대신 불병거가 하늘로부터 나타나 회리바람과 함께 엘리야를 들어올렸다(왕하 2:11 참조). 역사상 엘리야는 한 사람의 위대한 하나님의 선지자로 기억되어져 왔다. 후에 그는 예수 그리스도, 모세와 함께 변화산 상에 나타나게 되는 놀라운 특권을 누렸다(마 17:1~3 참조). 만일 하나님께서 그때에 엘리야의 기도에 응답해 주셨다면, 그는 실패한 사람으로서 죽었을 것이다. 그러나 앞을 내다보신 하나님께서는 엘리야에게 이렇게 말씀하셨다
"포기하지 말아라! 나는 너를 위하여 더욱 좋은 어떤 것을 계획하고 있다. 나를 의지하라. 그리하면 내가 너에게 영광과 존귀를 베풀어 줄 것이다."

우리가 주님의 뜻 안에서 기도할지라도 하나님은 우리의 생각보다 더 좋은 것을 준비하셨기 때문에 자주 우리의 기도에 응답하지 않으시는 경우가 있다. 지나온 나의 사역을 돌이켜 볼 때에 하나님께서 나의 기도에 응답해 주시지 않음으로 말미암아 더 큰 은혜가 되었던 것을 종종 느낄 수 있다. 나는 내가 필요로 하는 일들과 그것은 꼭 이루어져야만 한다고 생각했던 사건들을 놓고 하나님께 기도했다. 그때마다 하나님께서는 "나는 네가 구하는 것을 주기를 원치 않는다. 나로 하여금 너에게 더욱 좋은 것을 줄 수 있도록 해다오"라고

말씀하셨다. 주님은 우리에게 필요한 최선의 것이 무엇인지 이미 알고 계신다.

보신 것에 대한 하나님의 반응

하나님께서는 엘리야의 뒤와 앞과 안을 살피신 후에 그가 구하는 것이 최선의 것이 아님을 확신하셨다. 그래서 하나님께서는 그의 기도에 응답하지 않으셨다. 그러나 결코 그를 혼자 버려두지는 않으셨다. 하나님께서는 엘리야가 온전히 삶을 회복하는 데 필요한 것을 주셨다. 그렇다면 하나님께서 자기 종을 위해 어떤 일을 행하셨는가? 우선 주님은 몹시도 지치고 주려 있는 엘리야를 보시고 그를 회복시켜 주셨다(왕상 19:5~7 참조). 로뎀나무 아래에서 엘리야가 자고 있는 동안에 하나님께서는 그에게 먹을 것을 주시기 위해 천사를 보내셨다.

천사가 엘리야를 깨웠을 때, 엘리야는 자신을 위해 예비되어 있는 떡과 물 한 병을 발견했다. 자고 먹기를 두 번씩이나 거듭한 엘리야는 기운을 회복했다. 이것을 계기로 그는 더욱 적극적인 자세로 자신의 삶을 바라보게 되었다. 하나님의 백성인 우리는 때때로 우리의 필요를 소홀히 하므로 하나님을 섬기는 데 많은 시간과 정력을 잘못 소모하고 있다. 육체적으로나 정신적으로, 또 정서적으로 기진맥진한 상태에서는 최선을 다해 주님을 섬길 수가 없다. 우리 역시 낙심하여 불행에 빠지게 된다. 이런 상태에서 우리가 할 수 있는 가장 영적인 일은 바로 '쉬는 것'이다.

우리의 몸은 성령이 거하시는 전이다(고전 3:16 참조). 하나님께서는 우리가 각자의 몸을 돌보기를 원하신다. 새 힘을 얻은 후에 엘리야는 호렙산으로 보내졌고 그 곳에서 하나님을 만났다. 주님은 엘리야에게 어찌하여 그가 그렇게 있는지 물으셨고, 그는 오직 자신만이 주님을 따르는 유일하게 남은 자임을 불평하면서 말했다(왕상 19:9, 10 참조). 그러자 하나님께서는 엘리야에게 모든 능력을 상기시키시면서 그의 믿음이 적음을 나무라셨다. 엘리야가 산에 서자, 하나님께서는 바위를 부수는 폭풍처럼 무시무시한 바람을 보내셨다. 맹렬한 지진으로 땅이 흔들리기 시작했다. 그리고 사나운 불이 뒤따랐다.

하나님께서는 자신의 능력에 대해 장엄하게 보이시면서도 내내 침묵을 지키셨다. 그런 뒤에 모든 것이 다시 고요를 되찾게 되자 하나님께서는 여전히 서 있는 엘리야에게 세미한 음성으로 말씀하셨다. "엘리야야, 내게는 이러한 놀라운 기적들을 행할 수 있는 능력도 있지만, 나의 말로 사람을 변화시키는 힘도 가지고 있단다. 너는 즉각적인 성공과 눈에 보이는 기적을 기대했구나. 너는 온 나라가 내게로 돌아서기를 원했지. 자, 이제 너 자신만을 바라보지 말아라. 네 기준을 가지고 네가 한 일을 가늠하지 말아라. 그러면 낙심만 하게 되지. 내가 누구인지 또 내가 어떤 뜻을 갖고 있는지 깨닫고 날 신뢰하여라. 이제 네가 있던 곳으로 돌아가 나의 메시지를 전하기 시작하라. 그리고 너는 혼자가 아니라는 것을 기억하여라. 내가 이스라엘 가운데 나에게 진실됨을 지키는 7000명의 사람을 남겨 두었다"(왕상 19:11~13 참조).

육체적, 정신적으로 회복되니 하나님의 책망은 엘리야를 영적으로 새롭게 했고, 그때 하나님께서는 그에게 새로운 사명을 부여해서 전쟁터로 되돌려 보내셨다. 하나님은 엘리야를 호렙산에서부터 브엘세바, 이스르엘까지 480km를 걸어서 여행하도록 하셨다. 엘리야는 하나님께서 그를 위하여 정해 놓으신 그 길을 벗어나 방황했기 때문에 하나님께서 원하셨던 곳으로 다시 돌아가기 위해 발걸음을 돌려야 했다. 그러나 하나님께서는 엘리야를 홀로 돌려보내지 않으셨다. 하나님께서는 엘리야의 남은 사역 기간 동안에 그를 돕고, 그가 세상에서 자취를 감춘 뒤에 그를 대신할 수 있는 사람을 준비하셨다. 하나님께서는 당신의 선지자로서 엘리사에게 기름을 붓도록 엘리야에게 지시하셨다(왕상 19:16, 19~21 참조).

하나님께서 당신의 기도에 응답하지 않으실 때도 하나님께서는 당신의 마음을 이미 잘 알고 계신다는 사실을 잊지 말라. 그분은 당신이 걸어온 과거의 길과 당신 앞에 놓여 있는 미래에 대해 모두 알고 계신다. 그러므로 이제 당신이 주님께 구한 것보다도 그분께서는 당신을 위해 더 좋은 것을 계획해 놓으셨다는 것을 깨닫고, 하나님을 의지하여 그분의 뜻이 나타나기까지 오래 참고 기다리기 바란다.

공동묘지 기도 모임

5.

"갈릴리 맞은편 거라사인의 땅에 이르러 육지에 내리시매 그 도시 사람으로서 귀신들린 자 하나가 예수를 만나니 이 사람은 오래 옷을 입지 아니하며 집에 거하지도 아니하고 무덤 사이에 거하는 자라 예수를 보고 부르짖으며 그 앞에 엎드리어 큰 소리로 불러 가로되 지극히 높으신 하나님의 아들 예수여 나와 당신과 무슨 상관이 있나이까 당신께 구하노니 나를 괴롭게 마옵소서 하니 이는 예수께서 이미 더러운 귀신을 명하사 이 사람에게서 나오라 하셨음이라 (귀신이 가끔 이 사람을 붙잡으므로 저가 쇠사슬과 고랑에 매이어 지키웠으되 그 맨 것을 끊고 귀신에게 몰려 광야로 나갔더라) 예수께서 네 이름이 무엇이냐 물으신즉 가로되 군대라 하니 이는 많은 귀신이 들렸음이라 무저갱으로 들어가라 하지 마시기를 간구하더니 마침 거기 많은 돼지 떼가 산에서 먹고 있는지라 귀신들이 그 돼지에게로 들어가게 허하심을 간구하니 이에 허하신대 귀신들이 그 사람에게서 나와 돼지에게로 들어가니 그 떼가 비탈로 내리달아 호수에 들어가 몰사하거늘 치던 자들이 그 된 것을 보고 도망하여 성내와 촌에 고하니 사람들이 그 된 것을 보러 나와서 예수께 이르러 귀신 나간 사람이 옷을 입고 정신이 온전하여 예수의 발 아래 앉은 것을 보고 두려워하거늘 귀신 들렸던 자의 어떻게 구원받은 것을 본 자들이 저희에게 이르매 거라사인의 땅 근방 모든 백성이 크게 두려워하여 떠나가시기를 구하더라 예수께서 배에 올라 돌아가실새 귀신 나간 사람이 함께 있기를 구하였으나 예수께서 저를 보내시며 가라사대 집으로 돌아가 하나님이 네게 어떻게 큰 일 행하신 것을 일일이 고하라 하시니 저가 가서 예수께서 자기에게 어떻게 큰 일 하신 것을 온 성내에 전파하니라"(누가복음 8:26~39).

우리가 응답받지 못하는 기도 이면에 숨겨진 목적을 알 수 없을지라도
우리는 그리스도를 의지하고 그분의 거절하심을 받아들여야 한다.
주님은 주님의 때에 주님의 뜻을 우리에게 나타내실 것이다.

성경에 보면 몇몇 이상한 기도 모임이 기록되어 있다. 요나는 커다란 물고기 뱃속에서 하나님께 기도를 했고(욘 2:1 참조). 사자굴 속에 던져진 다니엘은 분명히 그 곳에서 하나님께 긴 밤을 지새우며 기도했을 것이다(단 6:4~24 참조). 무서운 풍랑이 몰아치고 있는 동안. 그 바다 위에서 바울은 항해하고 나중에 헤엄을 쳐서 해안가에 닿기까지 계속 기도했다(행 27:14~44 참조). 더욱이 바울은 감옥에 갇혀 있을 때에도 자주 기도했다. 그러나 성경에 기록된 가장 이상한 기도 모임은 본문에 언급된 바와 같이 예수께서 거라사인의 땅을 여행하실 때에 있었다. 그것은 누가복음 8장 26절부터 39절에 기록되어 있다.

이 흥미있는 이야기 속에서 우리는 다르게 표현된 세 가지 기도들에 주목해야 한다. 첫째는 주님께 자기들을 무저갱으로 보내시지 말

고 대신 돼지 떼에 들어가게 해달라고 간청했던 귀신들의 기도이다 (눅 8:31, 32 참조). 그리고 두번째의 기도는 예수님을 두려워하여 그 지역에서 떠나시기를 간청했던 그 마을 사람들의 기도이다(눅 8:37 참조). 그 다음 세번째는 귀신들로부터 놓여난 사람이 예수께 나와 그와 함께 가서 제자가 되는 특권을 누리게 해달라고 간청했던 기도이다(눅 8:38 참조).

그런데 우리는 여기에서 한 가지 흥미있는 사실을 발견하게 된다. 그것은 주 예수께서 귀신들의 기도와 믿지 않는 자들의 기도에는 응답을 해주셨지만, 구원받게 된 사람의 기도에는 응답해 주지 않으셨다는 사실이다. 이 기도들에 대해 그리스도께서 그러한 반응을 보이신 이면에는 어떠한 동기가 감추어져 있는지 살펴보고자 한다.

귀신들의 기도

이 구절을 통해 우리는 그리스도께서 먼저 귀신들의 기도에 응답하시는 장면을 보게 된다. 예수님과 제자들은 거라사인의 해변에 이르자마자 마을 밖의 묘지 주변을 방황하고 있는 귀신들린 사람을 만났다. 헝클어진 머리에 옷도 입지 않은 그가 예수님을 보았을 때, 그의 안에 있는 귀신들은 즉시 외쳤다.

"지극히 높으신 하나님의 아들 예수여 나와 당신과 무슨 상관이 있나이까" (눅 8:28).

그리스도께서 귀신들을 마주 대하셨던 곳이라면 어디서나 귀신들이 항상 그가 누구신지(거룩한 하나님의 아들) 먼저 알아 보았다는 사실은 매우 흥미롭다.

　이런 점에 있어서 귀신들은 오늘날 어떤 자유주의자들보다 그리스도에 대해 더 많이 안다고 할 수 있다. 수많은 자유주의적 신학자들은 예수가 하나님의 아들이심을 믿지 않는다. 그러나 귀신들은 그가 어떤 분인지 알았다. 그들은 그의 임재 안에 있는 크신 능력을 보고 두려워했다. 야고보서 2장 19절은 우리에게 다음과 같이 말한다.

"네가 하나님은 한 분이신 줄을 믿느냐 잘하는도다 귀신들도 믿고 떠느니라"(약 2:19).

예수 그리스도가 누구인지를 알면 그분의 놀라우신 임재 앞에 두려움과 경외감으로 서 있을 수 있지만, 그러한 것은 그분에 대한 단순한 지식만으로는 불충분하다. 우리는 하나님의 뜻에 완전히 순종함으로써 주님께 우리의 삶을 위탁해야 한다. 그렇지 않다면 우리는 귀신들과 다를 바가 없다.

　많은 사람들이 이 사람은 귀신들린 것이 아니란 사실을 설명하기 위해 단순히 그는 정신적으로 불안한 상태라고 말하지만 귀신들은 분명히 존재한다. 그들은 그 사람의 삶에 보람을 모두 앗아가 버리고 말았다. 악령의 무리는 그의 삶을 지배하고 건강과 정신상태, 도덕심과 예절까지 앗아갔다. 그들은 그의 정신과 육체를 파괴했고, 평화를 앗아갔다. 이것이 바로 사단이 행하는 일이다. 그는 파괴자이며 도적이다.

　예수께서는 마귀에 관해 이렇게 묘사하셨다.

"도적이 오는 것은 도적질하고 죽이고 멸망시키려는 것뿐이요 내가 온 것은 양으로 생명을 얻게 하고 더 풍성히 얻게 하려는 것이라"(요 10:10).

사단은 인간의 삶을 지배하고 파괴할 수 있지만, 주 예수님의 임재 앞에서는 아무런 힘도 행사하지 못한다. 귀신들이 자기들이 쫓겨나가게 될 것에 대해 의심하지 않았다는 것에 주목해 보라. 예수께서는 이 사람에게 생명을 주시고자 오셨기 때문에 그들은 그분의 뜻을 거역하는 데 무기력했던 것이다. 이 사건은 우리에게 몇 가지 값진 교훈을 가르쳐 주고 있다.

첫째로, 귀신들이 예수 그리스도의 신성과 지옥의 실재에 대해 믿고 있었음을 알 수 있다. 그들은 또한 기도의 능력을 믿고 있었고, 예수께 자신들을 무저갱에 보내시지 말라고 간청했다(눅 8:31 참조). 사단과 귀신들이 이런 중요한 진리에 관해 믿음을 갖고 있었다면, 우리는 얼마나 그러한 진리의 말씀을 믿어야 할 것인가? 둘째로, 사단은 우리가 그에게 우리 자신을 맡길 때 우리를 지배할 수 있지만, 우리는 그보다 그리스도의 능력이 더욱 크다는 사실을 기억해야 한다. 우리가 주께서 우리의 마음을 주장하시도록 맡길 때, 마귀는 두려워서 도망치게 될 것이다.

성읍 사람들의 기도

예수께서는 돼지 떼에 들어가게 해달라던 귀신들의 기도에 응답하셨을 뿐만 아니라, 또한 그 지역을 떠나시도록 간구했던 마을 사람들의 기도에도 응답하셨다(눅 8:37 참조). 귀신들이 돼지 떼에 들어가도록 허락되자 불쌍하게도 동물들은 즉시 낭떠러지로 총알같이 달아나 모두 익사했다. 이것을 본 돼지를 치던 사람들은 몹시 흥분

해서 그 소식을 성읍에 전하여 소문이 두루 퍼지게 되었다. 이들이 어떤 사람들이었는지 확실하지는 않지만 대체로 이방인들로 추측된다. 유대인들에게는 돼지고기를 먹는 것과 부정한 짐승을 취급하는 일이 금지되었던 관습으로 볼 때, 그들이 그와 같이 많은 돼지 떼들을 소유하고 있으리라고 볼 수가 없다.

성읍 사람들은 그 사건의 소문을 듣자 자기들의 눈으로 직접 보기 위해 급히 달려왔다. 그들은 달려와서 돼지 떼가 정말로 없어졌고 귀신들렸던 자가 온전하게 옷을 입고 예수의 발 아래 앉아 있는 것을 보았다. 이 얼마나 큰 변화인가? 예수께서 그 사람에게 행하신 일을 보았을 때 그들은 내심 반가웠을 것이다. 왜냐하면 이 사람은 오랫동안 주변 사람들에게 공포의 대상이었기 때문이다. 그는 한 가지 귀신이 아닌 군대 귀신이 들려 있었는데, 이 말은 6000명으로 구성된 고대 로마군단과 연관이 있다. 그는 벗은 몸으로 소리지르고 자신의 몸을 상하게 하면서 그 마을 주위를 뛰어다녔다. 그 때문에 그는 어린아이들에게는 공포의 대상이었다.

할 수 없이 마을 사람들은 쇠사슬과 고랑으로 그를 묶어 두었으나 그는 곧 결박을 끊어 버리곤 했다. 또한 사람들은 그를 고립시켜 두고자 위협했으나 이것 역시 문제 해결에 도움을 주지는 못했다. 따라서 그들은 예수께서 자기들의 숙제를 해결해 주신 데 대해 감사를 표했어야만 했다. 마태는 그 곳에 실제로 두 명의 귀신들린 사람이 있었음을 기록해 놓고 있다(마 8:28 참조). 예수께서 이 두 사람을 다 고쳐 주셨음은 의심할 여지가 없으며, 따라서 마을 사람들은 이에 대해 예수께 갑절로 감사해야 했다.

그러나 감사는커녕 그들은 두려움과 분노와 공포의 태도를 보였다. 그들은 돼지 떼가 몰사해 버린 데 대해 분노하며 경계심을 보였다. 예수께서는 실제로 그 마을의 생계 수단을 단절시키신거나 다름이 없었다. 그들은 예수께서 다음에는 또 무슨 일을 행하실지 두려워했다. 그런 사람들이 그 엄청난 귀신 들린 사람이 있었던 때를 두려워하지 않는다는 것은 참으로 흥미롭다. 그들은 그 상황에는 익숙해져 있었지만, 그에게 일어난 변화에 대해서는 무척 놀라워했다. 예수께서는 그 사람을 용서해 주시고 그에게 제 정신이 돌아오게 하시며 평온함을 주셨다. 사람들은 이 놀라운 변화를 도저히 이해할 수가 없었기 때문에 두려워했다. 그들은 이 문제에 직접 부딪칠 필요가 없었기 때문에 예수께서 떠나시기를 원했다.

이러한 반응은 세상이 삶을 변화시키는 기독교의 능력을 접하게 될 때 흔히 보이는 반응이다. 나는 술을 즐기고, 성생활이 문란하며 여러 가지 좋지 못한 습관을 지니고 살았던 몇몇 불신자들을 알고 있다. 그들은 가정을 파탄시켰고, 가족과 이웃에게 공포감을 안겨 주었다. 그러나 이제 그들은 구원을 받았고 극적인 변화의 삶을 살고 있다. 그들은 옛 습관과 삶의 태도를 버렸고 교회에 출석하며 성경을 읽기 시작했다. 그리고 자신들의 가족과 친구들에게 사랑과 친절을 베풀고 있다. 그런데 친척들은 기뻐하기보다는 오히려 핍박하면서 그들이 본래의 성품을 잃어버렸다고 말했다. 사람들은 그들이 전에 술을 마시고 자녀들에게 욕지거리를 하던 모습을 도리어 받아들이기 원했다. 나는 세상 사람들은 실제로 하나님의 영광을 위하여 살기보다는 죄의 굴레 속에서 뒹굴며 살기를 더욱 원하고 있다고 생각한다.

거라사 지역 사람들은 예수의 발 아래 앉은 그 사람에게 일어난 변화를 도저히 설명할 수가 없었다. 또 설명을 하고자 원치도 않았다. 만일 그들이 해명을 하고자 했다면, 그 사실을 받아들였을 것이다. 그들은 예수 안에 해답이 놓여 있음을 인식했지만 그분을 받아들이는 것을 거절했다. 이것은 요즘 사람들도 마찬가지이다. 예수께서 세상에 머무르셨을 때 백성들이 그분을 배척했던 것처럼, 오늘날에도 세상은 예수 그리스도와 하나님의 백성을 영접하기를 원하지 않는다. 예수께서는 이것이 바로 자기를 향한 세상의 반응임을 아셨다. 그래서 그는 우리에게 이렇게 경고하셨다.
"내가 너희더러 종이 주인보다 더 크지 못하다 한 말을 기억하라 사람들이 나를 핍박하였은즉 너희도 핍박할 터이요 내 말을 지켰은즉 너희 말도 지킬 터이라"(요 15:20).

이런 일들은 실제로 일어나고 있다. 예수께서는 우리의 정부와 학교와 수많은 가정과 교회로부터 배척당하셨다. 그들은 예수님을 원치 않았는데, 그 이유는 그분을 받아들이려면 굉장한 대가를 치러야 하기 때문이다. 거라사 사람들은 몇몇 사람들이 증거한 일로 인해 두려움을 느낀 나머지 예수 그리스도를 받아들이지 않고 예수께 자기들의 마을에서 떠나시기를 원했다. 예수께서는 그들의 요청을 들어 주셨고 제자들과 함께 배에 올라 그 곳을 떠나셨다(눅 8:37 참조). 흥미롭게도 여기에서 매우 대조적인 두 무리의 군중들을 볼 수 있다. 예수님을 즐거운 마음으로 환영하며 돌아오시기를 고대하던 무리가 있었던 반면, 거라사 사람들은 예수께서 스스로 떠나실 때까지 참고 기다리지도 못했다.

예수께서는 왜 불신자의 무리인 이들의 간청에 응답하셨을까? 그분은 아무에게도 강제로 자신을 영접하게 하시지 않는 분이시기 때문이다. 예수께서 모든 사람이 구원받기를 원하시고(벧후 3:9 참조), 모든 능력을 가지고 계시다 할지라도 당신의 뜻을 억지로 강요하지는 않으신다. 예수님은 문 밖에 서서 문을 두드리고 계신다(계 3:20 참조). 만일 우리가 문을 열기를 거절한다면 그분은 결국 떠나실 수밖에 없다. 거라사 사람들은 주님이 떠나시기를 원했기 때문에, 주님은 더 이상 그들의 요구를 들어주실 수가 없었다. 이것이 바로 "너희는 여호와를 만날 만한 때에 찾으라 가까이 계실 때에 그를 부르라"(사 55:6)고 하신 말씀대로 우리가 주님을 부를 수 있을 때 불러야 하는 절실한 이유인 것이다.

귀신 나간 사람의 기도

예수님은 귀신들과 거라사 지방 사람들의 기도에 응답해 주셨다. 그러나 군대 귀신을 내쫓아 주셨던 새신자의 기도에는 응답하지 않으셨다. 귀신들렸던 사람이 그 결박으로부터 벗어났을 때 그는 깊은 감사와 행복에 넘치는 반응을 보였다. 그는 더욱 많은 가르침을 받고 싶어 예수님과 함께 있기를 원했다. 이것은 극히 당연한 기도였다. 더

욱이 그를 구원하기 위해 주님과 제자들은 곤경을 감수했기 때문에
이 사람이 그들과 합류하고자 했던 것은 극히 자연스러운 것이다.

  성난 파도로 인해 무서워 떠는 제자들은 예수께서 안심시키셨던
그 무서운 폭풍을 무릅쓰고 이곳에 왔다. 그런데 그들이 해변에 도
착하였을 때, 어떤 귀신 들린 사람이 발가벗고 괴성을 지르며 뛰어
다니고 있었다. 이 사람은 예수님과 제자들에게 해를 입힐지도 몰랐
다. 그러나 주께서는 이러한 위험에도 불구하고 담대하게 그 난폭한
사람을 대하사 그에게서 귀신들이 떠날 것을 명령하셨다. 귀신들이
떠나자 그는 그리스도와 관계를 맺게 되었으며(고후 5:17 참조), 곧
다른 사람이 되었다.

  우리는 여기에서 새로운 질문을 하게 된다. 이 사람이 그리스도
안에서 새로운 피조물이 되었다면, 주께서는 왜 그의 기도에 응답하
지 않으셨을까? 예수께서는 그 사람이 자기와 함께 가는 것을 허락
하지 않으시고 오히려 그를 돌려 보내시며 이렇게 말씀하셨다.
"집으로 돌아가 하나님이 네게 어떻게 큰 일 행하신 것을 일일이 고하라"
(눅 8:39).
본문을 주목하면 예수께서 왜 그의 기도에 응답하지 않으셨는지 두
가지 이유를 찾아볼 수 있다.

첫째, 그리스도인의 삶은 가정에서부터 시작하기 때문입니다.

전에 목회하던 곳에서 일어났던 일이다. 한 사람이 점심식사를 같이

하며 이야기 좀 하자고 내게 청했다. 그는 나의 목회를 통해 최근에 주께 인도되어 나온 좋은 친구였다. 점심식사를 하면서 그는 나에게 "나는 이제 그리스도인이 되었지요. 그 다음에 내가 해야 할 일은 무엇입니까?"라고 질문했다. 그래서 나는 "그러면 당신의 가족들도 그리스도인입니까?"라고 물었다. 그러자 그는 잠시 망설이더니 "제 아내는 그리스도인이 아닙니다"라고 대답했고. 그래서 나는 "그렇다면 집에 가서 아내에게 증거하십시오. 또한 예수님을 당신의 구세주로 만난 교회에 나가십시오. 그리고 하나님께서 당신의 가정에 역사해 주시기를 위해 기도드리십시오"라고 말했다.

그러나 그 사람은 나의 충고를 따르지 않고 자기가 원했던 대로 순회 전도 사역에 참여하기로 결정해 버렸다. 그래서 그는 사람들을 조직해 말씀을 전하고 찬양을 하면서 지방을 순회하였다. 그런데 오래가지 않아 불행하게도 그의 가정은 파괴되고 말았다. 그리스도인의 삶은 설교 현장으로부터 시작되는 것이 아니라. 바로 가정에서부터 시작된다. 거라사 지방의 귀신들렸던 그 사람은 그리스도 안에서 새로운 삶을 얻은 기쁨에 즉시로 주님의 제자가 되고자 결심했다. 그러나 예수님은 가정에서 그가 먼저 마무리지어야 할 일이 있음을 알고 계셨다. 예수께서는 그에게 이렇게 말씀하셨다.
"아니다. 너는 나와 함께 갈 수 없다. 너는 지금 집으로 돌아가는 것이 더 중요하다. 네 가족과 다른 이들에게 가서 하나님께서 너를 위해 행하신 큰 일을 이야기하라. 이것이 바로 내가 해야 할 첫번째 의무이다."

둘째, 그리스도인의 일은 증거로써 시작하기 때문입니다.

주께서 그 사람의 기도에 응답하지 않으신 두번째 이유는 그리스도인의 일은 증거로써 시작되기 때문이다. 우리는 대부분 그리스도를 위한 일꾼이 되는 것과 증거하는 것이 반드시 같아야 할 필요가 없음을 깨닫지 못하고 있다. 하나님께서는 모든 그리스도인들에게 다른 사람의 유익과 하나님의 영광을 위하여 봉사할 수 있는 은사들을 나누어 주셨지만, 모든 신자를 원칙적으로 그리스도의 전담 사역자로 부르신 것은 아니다. 대신 모든 그리스도인들은 증거자로서 부르심을 받았다(눅 24:46~48 / 행 1:8 참조).

오늘날 교회에는 많은 일꾼들이 있지만 그들이 증거하지는 않는다. 그들은 주님이 자신을 위해 어떤 일을 행하셨는지 사실상 아무에게도 말해 본 적이 없다. 그러나 주님은 우리에게 이렇게 말씀하신다.

"내가 너를 직분자로서 부르기 전 증거자로서 불렀다."

우리는 여기에서 중요한 진리를 찾게 된다. 예수께서 인간의 몸을 입고 이 땅에 계셨을 때, 그분은 동시에 여러 곳에 계실 수 없는 한계를 갖고 계셨다. 이런 까닭에 예수님은 그 사람에게 사실상 이렇게 말씀하신 것이다.

"생각해 봐라. 나는 왔던 곳으로 다시 돌아가야 하기 때문에 너희 집까지 갈 수가 없구나. 그러나 너는 나를 대신하여 내가 너에게 행한 모든 일을 그 곳 사람들에게 증거하기를 원한다."

이것은 오늘날에도 마찬가지이다. 물론 예수께서는 이제 더 이상 한계를 갖고 계시지 않지만, 자신이 직접 일하시기보다 오히려 자기를 따르는 사람들을 통해 일하시고자 한다.

"아버지께서 나를 보내신 것같이 나도 너희를 보내노라"(요 20:21).

모든 그리스도인의 사역은 바로 증거하는 일에 기초한다. 다른 사람들에게 그리스도를 증거하는 것이야말로 무엇보다 우선되어야 할 일이다. 우리가 그 일을 하지 않는다면 그 일은 성취되지 않을 것이기 때문이다.

이제 예수님께 자신의 동행의 의사를 비쳤으나 거절당했던 그 사람이 어떻게 했는지 주목해 보자. 그는 실망하거나 불평하지 않고 즉시 자기 길로 가서 예수께서 자기를 위해 행하신 위대한 일을 온 성읍에 두루 퍼뜨렸다. 우리는 친구나 친척들에게 그리스도를 증언하는 일이 어렵다는 것을 알고 있다. 그러나 이 사람은 주님을 다른 사람들에게 증거하는 것을 부끄러워하지 않았다. 사람들이 그의 증거에 대해 어떤 반응을 보였는지는 알 수 없지만, 어떤 이들은 그의 증거를 통해 주님을 영접했을 것이다.

이 사건은 우리에게 증거의 중요성과 가정에서의 봉사의 중요성을 가르칠 뿐만 아니라, 주께서 우리 기도에 응답하시든 하지 않으시든 간에 거기에 따른 주님의 목적이 분명히 있다는 사실을 깨닫게 한다. 비록 그들의 기도가 응답되어질 만한 가치는 없었다 해도 주님은 더 큰 성과를 이루시기 위해 귀신들과 성읍 사람들의 요구를 들어주시기로 하셨다. 예수께서는 귀신들을 무저갱으로 보내실 수도 있었지만 사람들에게 눈으로 볼 수 있는 극적인 증거로 돼지에게 들어가게 하셨다.

또한 예수님은 당신이 오기를 바라는 사람들에게 사역하시고 귀신 들렸다가 고침받은 사람이 그 동네에서 증거하도록 기회를 주시고자 성읍 사람들의 요청대로 떠나시기로 하셨다. 반면에 귀신들렸다가 온전해진 사람의 요구가 비록 타당성있는 것이라 할지라도 주님은 마음에 그 신자를 위한 또 다른 계획을 갖고 계셨기 때문에 그 기도에 응답하지 않으셨던 것이다. 그는 가정에 머물러 증거하는 책임을 수행함으로써 믿음 안에서 자라고 하나님께 더 큰 영광을 돌리는 삶을 살게 되었을 것이다.

때때로 주께서는 우리가 깨닫지 못하는 계획을 갖고 계신다. 주님은 우리의 기도가 궁극적인 주님의 계획을 방해하는 것이기 때문에 응답하지 아니하시는지도 모른다. 만일 주께서 당신의 사역의 일부분으로 우리의 기도에 응답하지 않으신다면, 그것은 우리가 가정에서 마무리해야 할 사역과 증거해야 할 일이 있기 때문일 수도 있다. 그가 거절하시는 이유가 무엇이든지 간에 우리가 응답받지 못하는 기도 이면에 숨겨진 목적을 알 수 없을지라도 우리는 그리스도를 의지하고 그분의 거절하심을 받아들여야 한다. 주님은 주님의 때에 주님의 뜻을 우리에게 나타내실 것이다. 설혹 그렇게 하지 않으신다 해도 결국 궁극적으로 하나님께서 영광을 받으실 것이며, 그것으로써 모든 것은 충분하다.

사후 세계에서의 기도 6.

"한 부자가 있어 자색 옷과 고운 베옷을 입고 날마다 호화로이 연락하는데 나사로라 이름한 한 거지가 헌데를 앓으며 그 부자의 대문에 누워 부자의 상에서 떨어지는 것으로 배불리려 하매 심지어 개들이 와서 그 헌데를 핥더라 이에 그 거지가 죽어 천사들에게 받들려 아브라함의 품에 들어가고 부자도 죽어 장사되매 저가 음부에서 고통 중에 눈을 들어 멀리 아브라함과 그의 품에 있는 나사로를 보고 불러 가로되 아버지 아브라함이여 나를 긍휼히 여기사 나사로를 보내어 그 손가락 끝에 물을 찍어 내 혀를 서늘하게 하소서 내가 이 불꽃 가운데서 고민하나이다 아브라함이 가로되 얘 너는 살았을 때에 네 좋은 것을 받았고 나사로는 고난을 받았으니 이것을 기억하라 이제 저는 여기서 위로를 받고 너는 고민을 받느니라 이뿐 아니라 너희와 우리 사이에 큰 구렁이 끼어 있어 여기서 너희에게 건너가고자 하되 할 수 없고 거기서 우리에게 건너올 수도 없게 하였느니라 가로되 그러면 구하노니 아버지여 나사로를 내 아버지의 집에 보내소서 내 형제 다섯이 있으니 저희에게 증거하게 하여 저희로 이 고통받는 곳에 오지 않게 하소서 아브라함이 가로되 저희에게 모세와 선지자들이 있으니 그들에게 들을지니라 가로되 그렇지 아니하니이다 아버지 아브라함이여 만일 죽은 자에게서 저희에게 가는 자가 있으면 회개하리이다 가로되 모세와 선지자들에게 듣지 아니하면 비록 죽은 자 가운데서 살아나는 자가 있을지라도 권함을 받지 아니하리라 하였다 하시니라 "(누가복음 16:19~31).

죽은 후에 하는 기도는 아무 소용이 없다.
기도 할수 있는 장소는 이땅이며, 기도해야 할 시간은 바로 지금이다.

복음서 전체를 통하여 예수님은 금전에 대한 합당한 태도와 사용을 강조하셨다. 누가복음 16장에는 우리에게 맡겨진 자원들에 관해 연속적으로 두 메시지가 기록되어 있다. 이 장에서 예수님은 불의한 청지기를 비유로 들어 가르치기 시작하셨다(눅 16:1~3 참조). 예수님은 주인을 속이는 불의한 청지기의 행동은 너그럽게 보시지 않았던 반면에 청지기가 해고된 후에 자신을 위하여 예비하고자 주어진 기회를 사용했던 방법에 대해서는 칭찬을 하셨다. 이 비유에서 예수님은 자기 앞에 놓인 기회들을 최선을 다해 잘 활용하라는 메시지를 전하셨다.

다음으로 예수께서는 부자와 나사로의 이야기를 하셨다. 많은 사람들은 이 이야기를 비유라고 여기지만 나는 이것이 실제적인 내용이라고 믿는다. 이 이야기에 앞서 예수께서는 불의한 청지기의 비유를 들어 우리에게 주어진 기회를 잘 활용해야 한다고 말씀하셨다. 우리는 또한 하나님의 일을 위하여 우리의 재물을 적절하고도 지혜롭게 사용해야 한다. 첫번째 비유에서 불의한 청지기는 돈을 사용해서 친구들을 사귀었다. 그리고 예수님은 영적인 적용을 덧붙이기 위해 두번째 이야기를 하셨다. 주님은 실제로 이렇게 말씀하신 것이다.

"네가 가진 재물을 사용하여 친구를 사귀어라. 그리하면 하늘나라에 들어갈 때 그들이 너를 기다리게 될 것이다. 네 재물과 기회를 지금 하나님을 섬기기 위하여 사용하라."

부자와 나사로의 이야기에서 주님은 하나님이 주신 재물과 기회들을 허비했던 한 사람의 삶에 대해 말씀하셨다. 부자는 자기 자신의 쾌락만을 위해 그 모든 것을 사용했을 뿐 어느 누구의 필요도 채워주지 않았다. 그 결과 부자는 영원한 고통을 겪게 되었다. 우리는 다음에서 이런 결과를 읽을 수 있다. 이 말씀을 통해 우리는 사는 동안 주님을 위하여 어떻게 재물과 기회를 사용해야 할지 많이 배울 수 있고, 또한 기도에 대해서도 중요한 교훈을 얻게 된다. 이 이야기 속에서 주 예수 그리스도는 삶과 죽음 그리고 시간과 영원 사이의 베일을 살짝 벗기셔서 우리에게 내세의 일면을 보여 주셨다.

우리는 여기에서 두 사람을 본다. 사는 동안 가난하고 병들었던 거지 나사로는 죽은 뒤에 그의 영원한 상급들이 기다리고 있는 하늘나라에 가서 아브라함의 품에 들려졌다. 부자도 얼마 후에 죽어 지옥의 영원한 형벌을 기다리는 사람들이 모여 있는 고통의 장소인 음

부에 가게 되었다. 고통 중에서 부자는 아브라함과 나사로에게 물을
구하는 것과 증인을 구하는 두 가지를 호소했다. 이 기도들은 결코
주님에 의해 응답되지 않았다. 이 구절들을 통해 우리는 그 부자의
기도가 응답되지 않았던 세 가지 이유를 찾아볼 수 있다.

그는 부적당한 장소에서 기도했다

그 부자의 기도가 응답되어지지 못했던 첫번째 이유는 그가 부적당
한 장소에서 기도했기 때문이다. 누가복음 16장 23절은 우리에게 이
렇게 말해 준다.
"저가 음부에서 고통 중에 눈을 들어"(눅 16:23).
흠정역(KJV) 성경과 다른 번역판 영어 성경들이 이 말을 "헬"
(hell)이라고 표현했던 반면에, 헬라 원어는 믿지 않는 사람들이 죽
은 후에 가는 임시적 형벌의 장소를 일컫는 말인 "하데스"(hades)
라는 말로 표현했다. 그런데 이와는 대조적으로 "지옥"(hell)은 구
원받지 못한 사람들이 영구히 거하는 곳이다. 심판의 날에 그리스도
를 영접하지 않는 산 자와 죽은 자들은 영원한 지옥으로 던져질 것
이다.
"한 번 죽는 것은 사람에게 정하신 것이요 그 후에는 심판이 있으리니"(히
9:27).

음부와 지옥이 두 개의 구별된 장소라는 사실은 요한계시록 20장에
서 마지막 심판 때에 죽은 자들이 사망과 음부로부터 나와 불못에 던
저지게 된다는 기록을 통해(계 20:13, 14 참조) 더욱 분명하게 제시되

어 있다. 그러므로 "음부"와 "불못"은 동일한 장소가 아니다. 여기에서 "사망"은 무덤을 표현한다. 사람이 죽을 때 무덤이 사람의 몸을 요구하는 반면, 음부는 그의 영혼을 요구한다. 심판 후에 불신자들의 몸과 영혼은 다시 한번 결합되어 불못으로 던져지게 될 것이다.

그리하여 우리는 죽은 다음에 부자의 영혼이 심판을 기다리기 위하여 음부로 보내졌다는 것을 알 수 있다. 그는 왜 그 곳에 가게 되었는가? 그 이유는 그가 부자였기 때문이 아니다. 아브라함 역시 부자였다. 이 두 사람의 차이는 오직 그 마음에 있었는데, 아브라함은 끊임없이 하나님을 의지하고 섬기는 위대한 믿음의 사람이었다면, 그 부자는 하나님보다 자신을 더욱 우위에 두었던 사람이었기 때문이다. 그는 회개하기를 거절했고 모세와 선지자들을 통해 전해진 하나님의 메시지를 듣고도 마음을 강퍅케 했다. 그러므로 그는 스스로 자신의 장래 운명을 결정했고 하나님의 마지막 심판이 있기까지 머물러야 할 그 형벌과 고통의 장소로 보내지게 되었다.

당신은 이 사람이 살아 있는 동안 얼마나 많은 증인들을 접했는지 생각해 본 적이 있는가? 심지어 그의 부요함조차 그에게는 하나님의 증거가 되었다. 예수께서는 이 사람이 살아 있는 동안 날마다 '호화로이 연락했다'(눅 16:19 참조)고 언급하셨다. "호화로이"의 헬라어는 '눈부신' 또는 '화려하고 찬란한'이란 의미를 지니고 있다. 만일 그 사람이 하나님께서 자기에게 얼마나 많은 축복을 베푸셨는지를 보고, 자신이 그와 같은 복을 받을 만한 사람이 아니라는 사실을 인식했더라면 그는 깊은 회개와 겸손을 느꼈을 것이다.

로마서 2장 4절은 우리에게 이렇게 말해준다.

"혹 네가 하나님의 인자하심이 너를 인도하여 회개케 하심을 알지 못하여 그의 인자하심과 용납하심과 길이 참으심의 풍성함을 멸시하느뇨"(롬 2:4). 그러나 그는 회개하여 화려한 삶을 하나님께로 이끌지 않았고, 그 부(富)로 인해 자신과 하나님 사이를 벌어지게 하고 말았다. 우리가 하나님의 선하심을 받아들일 때 그것은 곧 우리를 회개시켜 줄 것이다. 이 부자의 경우처럼 하나님의 선하심은 어떤 사람들에게는 단지 마음을 더욱 강퍅하게 해주는 요인이 되기도 한다. 그들의 관심은 하나님께로부터 자기 자신에게로 옮겨졌다. 그 결과는 무엇인가?

"다만 네 고집과 회개치 아니한 마음을 따라 진노의 날 곧 하나님의 의로우신 판단이 나타나는 그 날에 임할 진노를 네게 쌓는도다"(롬 2:5).

우리가 물질적인 보화만을 바라보기 시작하고 하나님을 향해 마음을 강퍅하게 하면 우리는 자신에게 영원히 고통을 줄 보화들을 쌓아두는 것이 된다. 그의 부(富)에 덧붙여 주께서는 그 부자에게 나사로를 증거자로 사용하셨다. 이 거지는 부자의 상에서 떨어지는 부스러기 음식을 얻고자 오랫동안 부자의 문에 앉아 있었다. 나사로는 그 부자에게 하나님을 의지하고 주님을 섬길 수 있는 많은 기회를 주었다. 분명하게도 이 거지의 출현은 무시될 수 없는 것이었지만 부자는 그의 증거와 필요를 무시해 버렸고, 그리하여 자기 앞에 놓인 기회들을 놓치고 말았다.

다음 구절을 통해 나사로가 부자에게 증거했었다는 사실을 분명히 알 수 있다. 음부에서 부자가 간청한 내용이다.

"그러면 구하노니 아버지여 나사로를 내 아버지의 집에 보내소서 내 형제
다섯이 있으니 저희에게 증거하게 하여 저희로 이 고통받는 곳에 오지 않
게 하소서"(눅 16:27, 28).
그 부자가 왜 그와 같은 요청을 했는가? 그것은 말이든 자신의 존재
자체가 되든 간에 나사로가 자기에게 증거가 되었기 때문이다. 부자
가 문을 드나들 때마다 나사로는 하나님을 의지해야 할 필요성을 주
인에게 상기시키며 말했을지도 모른다.

혹 나사로가 그런 말을 하지 않았다 해도 그가 있다는 사실만으로
도 그 부자에게 부와 세상적인 소유는 모두 무상하다는 것을 보여
주는 살아 있는 실례가 되었을 것이다. 그것을 통해 그는 영원한
곳, 즉 하나님께 그의 믿음을 두었어야만 했다. 그 부자는 나사로의
증거가 사실이었음을 너무도 늦게 깨달았다. 그래서 그는 자기와 동
일한 운명에 처하게 될 남은 가족들을 건져 보고자 애를 썼다. 나사
로의 죽음 역시 이 사람에게는 충분한 증거가 될 수 있었다. 22절은
나사로가 먼저 죽은 사실을 알려 준다.

이 부자의 경우와 마찬가지로 죽음이 임박했을 때 사람은 쉽게 하
나님에 대한 필요를 느낀다. 그러나 나사로의 죽음조차 부자에게는
그의 절대적인 필요가 무엇인지를 깨닫게 하지 못했다. 그러나 죽음
이 그를 무너뜨렸고 그때는 이미 늦었다. 부자는 그의 재물과 나사
로를 통해 증거를 받았을 뿐만 아니라 하나님에 대한 필요를 구할
수 있는 말씀의 증거도 갖고 있었다. 그 사람은 안식일마다 회당에
서 율법과 선지자의 말을 들었을 것이다.

그러나 어쨌든 그는 그 가르침에 주의하지 않았다. 그는 말씀, 부(富), 나사로의 증거를 모두 무시했기 때문에 자신의 운명을 결정짓고 말았다. 그는 곧 죽었고 음부로 들어갔다. 이제 그가 자신의 삶을 바꾸기에는 이미 때가 너무 늦었다. 사실상 그 부자는 자신의 삶이 변화되기를 원치 않고 있었다. 죽어서도 사람의 성품이 변화되지는 않는가 보다. 그 부자는 살아서도 이기적인 사람이었고, 죽어서도 여전히 그랬다. 물과 증인을 요청했던 그의 기도는 고통에서 벗어나 보고자 하는 이기적인 욕망의 표현이었다.

여기에서 우리는 그가 부적당한 장소에서 기도하고 있음을 알 수 있다. 그는 음부에서가 아니라 땅에 있는 동안 하나님께 기도하는 믿음을 가졌어야 했다. 하나님께서는 부자가 스스로 심판을 자초했기 때문에 그의 기도에 응답해 주지 않으셨다. 죽어서는 그리스도를 영접할 수 있는 기회가 없다. 그렇기 때문에 우리에게 오늘날 주어진 기회를 잘 사용해야 한다.
"보라, 지금은 은혜받을 만한 때요 보라 지금은 구원의 날이로다"(고후 6:2).

그는 부적당한 대상에게 기도했다

그 부자는 부적당한 장소에서 기도했을 뿐 아니라 부적당한 대상에게 기도했다. 그 결과 그는 기도 응답을 받지 못했다. 그는 하나님께 기도한 것이 아니라 아브라함에게 간구했다.
"불러 가로되 아버지 아브라함이여 나를 긍휼히 여기사 …" (눅 16:24).

여기에서 "아브라함의 품"(눅 16:22 참조)이라고 표현한 것은 매우 중요하다. 구약에서 말하는 "아브라함의 품"은 신실한 자들이 죽음 후에 가 있는 낙원의 의미로 유대 백성들에 의해 사용되었다. 신실한 이스라엘 자손들이 죽은 후에 히브리민족의 조상이며 위대한 믿음의 사람 아브라함이 기다리고 있다고 생각한 것은 매우 자연스러운 생각이다.

유대백성들은 아브라함의 자손이라는 사실에 대해 대단한 자부심을 가지고 있었다. 일반적으로도 잔치에서 제일 귀하고 존경받는 손님들은 주인의 가장 가까이에 앉는 것이 당시 풍습이었다. 그리고 더욱 선별된 자리는 주인의 품에 비스듬히 누워 앉는 것이다. 그리하여 이 구절에서 예수님은 가장 아름다운 모습으로 이 장면을 묘사해 주셨다. 가난하고도 눌림받던 거지 나사로가 죽었을 때 그는 천사들에 의해 가장 영예로운 장소인 아브라함의 품에 인도되었던 것이다. 하지만 많은 조문객들이 모이는 거창한 장례식을 치렀을 부자는 가장 불명예스러운 장소인 음부로 들어가게 되었다.

부자가 아브라함이 자기를 위해 무엇인가를 해줄 수 있을 거라고 생각한 것은 논리적인 생각처럼 보인다. 무엇보다도 아브라함은 위대한 믿음의 사람이자 하나님의 친구였고, 또 위대한 중보 기도자였다. 사실상 유대인들은 그들이 아브라함의 직계 후손이라는 사실에 대해 스스로 대단한 자부심을 가지고 있었다(마 3:9 참조). 그러나 아브라함은 그를 구원해 줄 수가 없었고, 그는 결국 합당치 못한 대상에게 기도하게 된 것이다.

이와 마찬가지로 오늘날에도 어떤 사람들은 죽은 사람에게 기도할 수 있다고 믿고 있다. 그러나 나는 낙원이든 음부이든 간에 죽어서 다른 세계로 넘어간 사람에게 기도하라고 가르치는 성경구절을 성경에 어느 곳에서도 발견하지 못했다. 기도에 응답해 주실 수 있는 분은 오직 하나님 한 분뿐이시다. 죽은 자이든 산 자이든 간에 어느 누구를 향해 기도하는 것은 모두 헛된 일이다. 이렇게 볼 때 그 부자는 합당치 못한 대상에게 기도한 것이다.

그는 부적당한 유익을 위해 기도했다

우리는 부자의 기도가 응답되지 않았던 세번째 이유를 찾아볼 수 있다. 그는 부적당한 장소에서 부적당한 대상에게 기도했고, 나아가 부적당한 유익을 위해 기도했다. 그가 구했던 것은 무엇인가? 그는 물을 원했다.

"나사로를 보내어 그 손가락 끝에 물을 찍어 내 혀를 서늘하게 하소서 내가 이 불꽃 가운데서 고민하나이다"(눅 16:24).

나사로를 멸시했던 부자가 이런 요구를 하는 것은 매우 흥미롭다. 이전에 그는 나사로가 가까이 오는 것을 달가워하지 않았을 것이다. 그러나 이제는 모든 상황이 바뀌었다. 그는 지금 나사로에게 가까이만 갈 수 있다면 무엇이든지 내줄 지경이다.

이와 같은 일들은 오늘날에도 흔히 일어난다. 그리스도를 구세주로 알지 못하고 있는 사람들은 당신과 함께 아무것도 하기를 원치 않을 것이다. 특히 당신이 복음을 증거하고자 한다면, 그들은 더욱 멸시하고 가까이 하는 것을 꺼려할지도 모른다. 그러나 언젠가 그들은 당신을 만나 보기 원할 것이며, 당신이 그들에게 보이려고 애썼던 그 사랑과 관심을 베풀어 달라고 간절히 원하게 될 것이다. 부자가 나사로가 와주기를 간구한 데는 실제로 자신의 고통을 덜어 줄 수 있는 그 무엇인가를 원했던 이기적인 동기에서였다. 그러나 아이러니컬하게도 물은 어떤 식으로도 그의 고통을 덜어줄 수 없었다. 사람들이 지옥에서 겪는 고통은 약간의 물로는 도저히 덜어지지 않는다.

우리는 여기에서 행한 대로 갚으시는 하나님의 법칙을 보게 된다. 그렇다. 부자는 사는 동안 행복했었다고 죽어서 고통을 당하는 것이 아니다. 그가 사는 동안 주님을 배척했기 때문에 고통받고 있는 것이다. 반면에 사는 동안 고통과 괴로움을 겪었던 나사로는 지금 모든 좋은 것을 누리며 즐거워하고 있다. 하나님께서는 그의 자녀들에게 이 세상을 살아가는 동안 안락함과 평안함을 보장해 주겠다고 약속하지 않으셨다. 그러나 하나님은 그 모든 것을 언젠가 하나님의 집에서 받게 될 것이라고 약속해 주셨다(요 14:13 참조). 그 곳에서 그들은 하나님께서 그들을 위해 준비해 놓으신 영원한 기쁨을 맛보며 모든 축복을 받게 될 것이다.

설령 물이 주어졌다 할지라도 그리 큰 도움이 되진 못하였을 것이다. 하지만 그의 요구가 거절되어진 데는 또 다른 이유가 있었다. 부자와 나사로 사이에 놓인 큰 구렁 때문이었다. 누가복음 16장 26절에서 우리는 일단 심판의 장소에 가면 아무 피할 길이 없으며, 누구도 당신을 돕기 위해 희락과 영광의 장소로부터 올 수 없다는 사실을 깨닫게 된다. 기회가 주어진 동안 어디에서 영원을 보낼 것인지에 대한 문제를 해결해야만 한다. 죽은 후라면 때는 이미 늦다.

그 부자는 물을 원했을 뿐만 아니라 또한 증거할 사람을 자신의 형제들에게 보내달라고 구했다. 마침내 그는 자기에게는 아무런 소망이 없음을 발견하고 그제야 다른 사람들을 생각하기 시작했다. 아마도 이것은 그가 누군가를 돕고자 처음으로 가졌던 관심일지 모른다. 그는 자기의 다섯 형제들이 영원히 거하게 될 장소가 어디일지 생각했다. 그는 그들이 자기가 있는 고통의 장소에 오지 않기를 원했다. 지옥이란 농담같은 이야기라 생각하는 오늘날의 수많은 불신자들과는 달리 이 사람은 이제 음부와 지옥이 실재함을 알았다.

만일 당신이 불신자 친구에게 지옥으로 가겠느냐고 묻는다면, 그들은 "물론이지, 나는 그 곳에서 많은 친구들을 갖게 될 거야"라고 반응할지도 모른다. 그들은 아마 자신들을 기다리고 있는 두려움과 고통이 어떤 것인지에 대해서 진지하게 생각해 본 적이 없기 때문에 그렇게 대답할 것이다. 그러나 그때 그들은 많은 친구들을 원하기는 커녕 사랑하는 사람들이 제발 그 곳에 오지 않도록 하나님께 간청할 것이다. 그러나 지금 그들이 자기들을 구원하실 주님을 의지한다면 그 어느 누구도 지옥의 공포를 겪지 않게 된다. 그 부자는 기적을 바랐지만 물의 경우와 같이 그는 아무런 도움도 받지 못했다. 그는 이렇게 말했다.
"만일 죽은 자에게서 저희에게 가는 자가 있으면 그들이 회개하리이다"(눅 16:30).

그러나 그렇지는 않다. 우리는 마리아와 마르다의 오라비인 죽었던 나사로를 예수께서 살리신 사건을 알고 있다(요 11:1~44 참조). 나사로가 죽음에서 다시 살아났을 때에도 강퍅한 사람들의 마음은 움직이지 않았다. 그들은 오히려 예수님을 죽이고자 음모를 꾸몄다(요 12:10 참조). 기적으로 인해 사람들이 구원을 받는 것은 아니다. 하나님의 말씀에 확신을 얻을 때 그들은 구원을 얻는다. 아브라함은 부자에게 말했다.

"너희 형제들은 율법과 선지자인 하나님의 말씀의 증거를 가지고 있다. 만일 그들이 그것을 듣지 않는다면, 그 어느 것도 그들의 마음을 변화시켜 주지는 못할 것이다"(눅 16:31 참조).

나는 31절에 나오는 "권함"이란 말을 매우 좋아한다.

"비록 죽은 자 가운데서 살아나는 자가 있을지라도 「권함」을 받지 아니하리라"(눅 16:31).

하나님께서는 우리에게 하나님을 믿도록 강요하지 않으신다. 그분은 조용히 권고하신다. 하나님께서는 우리가 고통과 고난의 장소인 지옥에 관해 알기를 원하시며, 동시에 우리를 사랑하시는 당신의 마음을 우리가 알아주기를 원하신다. 지옥으로부터 우리를 구하시기 위해 하나님은 우리를 위한 대속물로 독생자를 내어주셨다. 하나님의 아들은 우리가 당해야만 할 고난과 형벌을 대신 담당하셨다. 하나님은 우리에게 당신을 믿고 당신의 뜻에 복종하라고 조용하게 권하고 계신다.

하나님께서는 부적당한 장소에서 부적당한 대상에게 부적당한 유익을 위해 기도하는 부자의 기도에 응답하실 수 없으셨다. 죽은 후에 하는 기도는 아무 소용이 없다. 기도할 수 있는 장소는 이 땅이며, 기도해야 할 시간은 바로 지금이다. 따라서 이제 당신도 오직 당신의 기도를 듣고 응답하실 수 있는 하나님께 기도하고 있는지, 또 그분의 뜻 안에서 정직하게 구하고 있는지 확실히 알아야 한다. 만일 당신이 구원받지 못한 사람이라면 그리스도를 구세주로 의지하라. 만일 당신이 신자라면 오늘 당신에게 주어진 기회를 최대한 잘 활용하면서 주님을 섬겨라. 자기의 생명이 얼마나 지속될지 아무도 모른다. 어쩌면 내일이면 늦을지도 모른다. 그러므로 주의 이름을 부르기를 늦추지 말라.

"누구든지 주의 이름을 부르는 자는 구원을 얻으리라"(롬 10:13).

탐욕적인 기도

"무리 중에 한 사람이 이르되 선생님 내 형을 명하여 유업을 나와 나누게 하소서 하니 이르시되 이 사람아 누가 나를 너희의 재판장이나 물건 나누는 자로 세웠느냐 하시고 저희에게 이르시되 삼가 모든 탐심을 물리치라 사람의 생명이 그 소유의 넉넉한 데 있지 아니하니라 하시고 또 비유로 저희에게 일러 가라사대 한 부자가 그 밭에 소출이 풍성하매 심중에 생각하여 가로되 내가 곡식 쌓아 둘 곳이 없으니 어찌할고 하고 또 가로되 내가 이렇게 하리라 내 곡간을 헐고 더 크게 짓고 내 모든 곡식과 물건을 거기 쌓아 두리라 또 내가 내 영혼에게 이르되 영혼아 여러 해 쓸 물건을 많이 쌓아 두었으니 평안히 쉬고 먹고 마시고 즐거워하자 하리라 하되 하나님은 이르시되 어리석은 자여 오늘 밤에 네 영혼을 도로 찾으리니 그러면 네 예비한 것이 뉘 것이 되겠느냐 하셨으니 자기를 위하여 재물을 쌓아 두고 하나님께 대하여 부요치 못한 자가 이와 같으니라"(누가복음 12:13~21).

예수님은 우리의 삶이 하나님과 이웃을 섬기는 삶이 되어야 하며
잠시뿐인 부의 축적을 위한 삶이 되어서는 안 된다고 말씀하셨다.

당신이 말을 하려는데 상대방이 그치지 않고 계속 자신의 이야기만 한다면 그처럼 지루한 일은 없을 것이다. 이 말은 많은 진리를 내포하고 있다. 말을 막는 것을 좋아하는 사람은 아무도 없다. 노방 전도를 할 때 나는 간혹 내가 전한 것에 대해 질문을 던지거나 부인을 하면서 말을 막는 사람들 때문에 매우 난처했던 적이 있다. 심지어 예수께서도 말씀을 전하시는 동안 이런 방해를 받으셨다. 복음서에는 이와 같은 사건들이 여러 곳에 기록되어 있다. 한 가지 예를 누가복음 12장에서 찾아볼 수 있다.

그리스도는 역경 속에서도 하나님을 시인하고 의지해야 하는 일의 중요함을 사람들에게 말씀하셨다(눅 12:1. 2 참조). 그런데 자기 가정의 분쟁을 해결해 달라고 요청한 사람 때문에 당신의 설교가 훼방을 받게 되었다. 그리스도가 사셨던 당시 유대 사회는 교회와 정부

사이에 구분이 없었다. 그래서 종교 지도자들은 법률가와 재판관 그리고 법을 시행하는 관리로서의 역할까지 감당했다. 가족 또는 이웃 간에 다툼이 있을 때, 사람들은 그 지역의 랍비에게로 갔으며, 그는 판결을 내릴 수 있는 권위를 가지고 있었다.

유대인들의 눈에 예수는 위대한 랍비 또는 선생으로 보였다(요 1:38, 49 / 3:2 / 20:16 참조). 말씀을 가르치고 계셨던 예수는 자기에게로 나아와 가정의 문제를 해결해 달라던 그 사람의 요청을 거절하셨다. 그분이 왜 가정의 문제 해결을 돕지 않으셨을까? 그것은 문제 해결의 열쇠가 바로 그 사람의 마음에 있었기 때문이다. 만일 주님이 그 사정을 들으시고 오직 주님만이 내리실 수 있는 공정하고 완전한 결정을 내리셨더라면 어떻게 되었을까? 그래도 그는 여전히 자신의 문제를 해결받지 못하였을 것이다. 왜냐하면 그의 마음이 여전히 잘못되어 있었기 때문이다.

그의 형은 유업을 나누어 줄 생각이 없는 이기적이고 욕심이 많은 사람이었다. 그러나 주님께 요청했던 그 또한 이기적이고 양보심이 없는 사람이었다. 그들간에 차이점이 있다면 그의 형은 가진 것이 있고, 그는 가진 것이 없다는 것뿐이다. 두 사람 모두 마음이 삐뚤어져 있었다. 당신이 만약 내적인 마음가짐을 바꾸지 않은 채 외부의 상황만을 보고 판단한다면 문제는 더욱 악화될 것이다. 주님은 이 사실을 이미 알고 계셨다. 그래서 예수님은 유업을 얻고자 하는 사람의 문제를 해결해 주시는 대신 그 싸움의 원인이 된 그들의 이기심과 탐욕에 대해 정면으로 지적하셨던 것이다.

우리는 탐욕이 만연한 시대에 살고 있다. 세상은 우리에게 최고를 바라보고 우리가 얻을 수 있는 최대의 것을 붙잡으라고 말한다. 그래서 오늘날의 법정은 부당하게도 많은 돈을 얻어내기 위해 소송을 제기하는 사람들로 만원을 이루고 있다. 이러한 사건은 대부분 정의나 진정한 필요 때문이 아니라 탐욕과 이기심 때문에 발생한다. 예수님도 그 당시에 그와 같은 상황에 직면하셨다. 누가복음 12장과 다른 여러 곳에서 그분은 탐심에 관해 경계하셨다. 사실 여기에서 그분은 탐심에 대해 너무나도 강경하게 경계하셨는데, "삼가"(beware)라는 단어를 사용하실 정도였다(눅 12:15 참조).

예수님은 우리의 삶이 하나님과 이웃을 섬기는 삶이 되어야 하며 잠시뿐인 부의 축적을 위한 삶이 되어서는 안 된다고 말씀하셨다. 우리는 그가 다시 주께 간구하기는 했으나 주께서 응답하지 않으신 모습을 본다. 여기에서 우리는 그가 잘못된 태도를 가지고 주께 나왔음을 발견한다. 그것이 바로 예수께서 그의 요구를 거절하신 이유였다. 이와 마찬가지로 응답받지 못하는 기도는 대부분 그 기도 이면의 합당치 못한 동기에 원인이 있다. 기도의 올바른 자세가 무엇인지 이해하기 위해 이 사람이 했던 기도와 그리스도께서 보여 주신 모범적 기도를 비교해 보기로 하자(마 6:9~13 참조).

이기심

우리가 이 사람의 기도와 주의 기도를 비교해 볼 때 무엇보다 먼저 그 사람은 이기심을 가지고 기도했을 뿐 자기 형제나 하나님에 대한 사랑이 없이 구했음을 알 수 있다. 그러나 주의 기도는 이렇게 시작된다.
"하늘에 계신 우리 아버지여"(마 6:9).
"내 아버지여"가 아닌 "우리 아버지"라는 호칭에 주목하라. 이 부분에서 우리가 서로에게 속해 있음을 보여 주고 있다. 따라서 우리가 기도할 때 먼저 다른 사람의 필요를 마음에 두어야 한다. 그런데 이 사람의 기도는 시작부터 이기적이었다. "내 형을 명하여 유업을 나와 나누게 하소서."

그가 이렇게 요청한 기도의 이면에는 잘못된 태도와 동기가 있었다. 그는 "주님, 나는 가족의 한 사람으로 우리 가정에서 일어난 일 때문에 마음이 몹시 상해 있습니다. 제가 옳게 행할 수 있도록 도와주십시오. 형을 사랑할 수 있도록 도와주십시오"라고 말하지는 않고, 주님이 자신의 형을 설득해서 자기가 원하는 것을 받게 해달라고 간구하였다. 그는 자기 형의 필요에는 별로 관심이 없었다. 예수께서는 그의 간구에서 그의 마음에 있는 문제를 꿰뚫어보셨다. 그래서 이렇게 말씀하셨다.
"이 사람아 누가 나를 너희의 재판장이나 물건 나누는 자로 세웠느냐"(눅 12:14).

그는 이기심으로 인해 형제의 필요도 보지 못했고 예수님의 성품에 대해서도 눈이 멀었다. 주님은 우리의 재판관이 아니라 아버지가 되신다. 그분은 백성들을 정죄하기 위해 오신 분이 아니라 우리를 구원하시기 위해 이 세상에 오셨다(요 3:16, 17 참조). 그러므로 그분은 우리 각자를 범죄자로서가 아니라 사랑과 은혜 안에 있는 자녀로서 대하기를 원하신다. 그가 이기적인 목적으로 그리스도의 성품을 잘못 알고 간구했기 때문에 주님은 그의 기도에 응답해 주지 않으셨다. 대신 어떤 마음 상태에서 기도해야 하는지 그 중요한 교훈들을 그에게 가르쳐 주셨다. 주님은 그에게 이렇게 말씀하셨다.
"너는 네 형제와 불편한 관계에 있는 그 상태로는 「하늘에 계신 우리 아버지여」라고 기도할 수가 없다."

하나님을 영화롭게 하는 데 실패함

이 사람의 기도가 응답받지 못했던 두번째 이유는 그 기도가 하나님을 영화롭게 하지 못했기 때문이었다. 원래 기도의 목적 가운데 하나는 하나님께 존귀와 영광을 돌리는 것이다. 주의 기도에서는 서두 다음에 곧 이렇게 이어진다.
"아버지의 이름이 거룩히 여김을 받으시오며"(마 6:9).
우리는 하나님께 대한 찬양과 감사로 기도를 시작해야 할 뿐만 아니라, 나의 간구하는 바가 하나님을 기쁘시게 하고 존귀하게 해드리는 것이어야 한다. 누가복음 12장에 나타난 것을 보면 그는 유대인이었다. 그는 여호와 하나님과 율법에 대해 알고 있었을 텐데 그와 같은 요구를 그리스도께 함으로써 하나님의 이름을 욕되게 했다. 더욱이 그는 다른 사람들에 대해서도 좋지 못한 사례가 되었다.

아마도 예수님의 말씀을 듣던 군중 속에는 이방인들도 더러 있었을 것이다. 그런데 이 사람이 그리스도의 메시지를 방해함으로써 어떤 사람들에게는 주님을 영접하지 못하게 했고, 또 이기적인 요구를 함으로써 '하나님의 택함받은 백성들'과 결국에는 주님께 나쁜 영향을 미쳤다. 세상에서 그리스도를 나타내는 그리스도인들은 다른 사람들에게 주님을 가리우는 어떤 일도 해서는 안 된다. 그러나 이 사람과 같이 오늘날 수많은 신자들은 가족이나 동료 그리스도인들과 오랫동안 공공연한 다툼을 벌이고 있다. 그런데 이런 일을 하고도 우리가 어떻게 하나님의 이름을 영화롭게 할 수 있겠는가? 결코 그럴 수 없다.

여기에 대해 바울은 다음과 같이 권면한다.
"너희 중에 누가 다른 이로 더불어 일이 있는데 구태여 불의한 자들 앞에서 송사하고 성도 앞에서 하지 아니하느냐 성도가 세상을 판단할 것을 너희가 알지 못하느냐 세상도 너희에게 판단을 받겠거든 지극히 작은 일 판단하기를 감당치 못하겠느냐 … 내가 너희를 부끄럽게 하려 하여 이 말을 하노니 형제가 형제로 더불어 송사할 뿐더러 믿지 아니하는 자들 앞에서 하느냐 너희가 피차 송사함으로 너희 가운데 이미 완연한 허물이 있나니 차라리 불의를 당하는 것이 낫지 아니하며 차라리 속는 것이 낫지 아니하냐 너희는 불의를 행하고 속이는구나 저는 너희 형제로다"(고전 6:1, 2, 5~8).

이 구절에서 바울은 우리에게 무엇을 말하고 있는가? 믿는 사람들이 가족과 친구들에 대하여 서로 재판하고 소송을 제기함으로써 세상과 다른 점을 보여 주지 못하면, 이로 인해 우리는 불신자들에게 말씀을 증거할 수 있는 기회를 잃게 된다. 우리가 다른 사람들과 똑

같이 이기적이고 탐욕스러우면 우리는 그들을 주님께 인도할 수 있는 기회를 놓칠 뿐 아니라, 내놓고 하나님의 거룩하신 이름에 누를 끼치게 된다. 그러므로 많은 사람 앞에서 불만을 표현하기보다는 차라리 불공평하게 손해를 보는 것이 더 낫다.

아브라함도 이러한 문제에 대해 심각하게 깨달았던 적이 있다. 롯과 다투게 되었을 때 그는 땅을 분배하는 문제로 롯에게 이렇게 말했다.

"우리는 한 골육이라 나나 너나 내 목자나 네 목자나 서로 다투게 말라"(창 13:8).

시편 133편 1절을 보라.

"형제가 연합하여 동거함이 어찌 그리 선하고 아름다운고"(시 133:1).

우리가 사랑 안에서 가족과 동료 신자들과 함께 연합하며 살 때 하나님께서 영광을 받으신다. 마찬가지로 우리가 다른 사람들과 다투고 있는 동안에는 하나님의 이름을 거룩하게 할 수 없으며, 그때 우리의 기도는 응답되지 않을 것이다.

탐심

하나님의 영광을 가리우고 이기적인 목적으로 기도했던 것 이외에도 이 사람에게는 더 많은 것을 갖고자 하는 탐심의 죄가 있었다. 우리 또한 이러한 마음으로 기도한다면 주님은 우리의 기도에 응답하시지 않을 것이다. 그렇다면 우리는 어떤 마음으로 기도해야 하는가? 우리는 주님의 뜻이 이루어지며 그분의 나라가 확장되기를 원해야 한다. 마태복음 6장 10절을 보라.

"나라이 임하옵시며 뜻이 하늘에서 이룬 것 같이 땅에서도 이루어지이다"
(마 6:10).

그런데 누가복음 12장에 기록된 이 사람은 하나님의 나라와 그분의 뜻에는 관심이 없었다.

"나는 재산이 내게로 돌아오기를 원합니다. 나의 뜻대로 되기를 원합니다."

이 사람은 물질적인 부를 얻는 데에만 관심이 있었기 때문에 그리스도의 가르침을 완전히 무시해 버렸다. 만일 그가 참으로 주님의 가르침을 들었다면 그와 같은 요구사항을 가지고 주께로 나오지 않았을 것이다. 다른 많은 사람들과 마찬가지로 이 사람도 그리스도의 씨뿌리는 비유의 좋은 실례가 된다(눅 8:5~15 참조). 가시떨기 가운데 떨어진 씨와 같이 어떤 사람들은 하나님의 말씀을 듣기는 하나 이 세상의 염려와 재리의 유혹과 쾌락에 막혀 온전히 결실을 맺지 못한다(눅 8:14 참조). 많은 사람들이 교회에 출석은 하고 있지만 참으로 하나님의 말씀의 씨를 받아들이려고 하지는 않는다. 왜 그럴까? 그들의 마음은 주님이나 그의 뜻을 받아들일 만한 조금의 여유도 없이 물질적인 소유에 대한 탐심과 갈망으로 가득 차 있기 때문이다.

물론 우리는 우리의 필요에 대해서도 기도해야 한다고 배웠다. 주의 기도에서 "아버지의 뜻이 이루어지이다"에 이어 "오늘날 우리에게 일용할 양식을 주옵시고"(마 6:11)라는 가르침을 볼 수 있다. 자신의 필요에 대해 기도하는 것이 잘못은 아니지만, 우리는 삶에서 주님의 뜻이 무엇인지 찾는 것이 우선되어야 한다. 이러한 태도로 기도할 때 그분은 물론 우리의 필요를 채워 주신다. 예수께서는 우리에게 이렇게 교훈을 주셨다.
"너희는 먼저 그의 나라와 그의 의를 구하라 그리하면 이 모든 것을 너희에게 더하시리라"(마 6:33).

주께서 우리에게 필요한 것을 주시겠다고 약속하셨지만 우리가 바라는 것을 모두 주시지는 않는다. 만일 우리가 필요한 것보다 더 원한다면 우리는 탐심의 죄를 범하는 위험에 처하게 된다. "탐심"이란 '더 많은 것을 원한다'는 의미를 포함하고 있다. 예수께 나왔던 그 사람은 자기 형제가 자기에게 유업을 나누어주게 해달라고 예수께 요구했다. 이것은 정말 필요해서가 아니라 단순히 더 많은 것을 원했기 때문이다. 예수께서는 그 사람을 비롯한 무리들에게 탐심이 얼마나 위험한지 경고하셨다(눅 12:15 참조). 그 견해를 설명하시고자 예수님은 부자의 비유를 들어 말씀하셨다.

부자는 지금 막 대풍작을 거두었지만 그 곡식을 쌓아 둘 곡간이 없었다. 그는 이웃을 구제하기 위해 그 곡식을 사용하기보다 자기 자신에게만 지대한 관심을 갖고 있었다. 다음 구절에서 개인을 지칭한 단어가 얼마나 나오는지 살펴보기로 하자.
"심중에 생각하여 가로되 내가 곡식 쌓아 둘 곳이 없으니 어찌할꼬 하고 또 가로되 내가 이렇게 하리라 내 곡간을 헐고 더 크게 짓고 내 모든 곡식과 물건을 거기 쌓아 두리라 또 내가 내 영혼에게 이르되 영혼아 여러 해

쓸 물건을 많이 쌓아 두었으니 평안히 쉬고 먹고 마시고 즐거워하자 하리라"(눅 12:17~19).

위에서 "내가"(I)와 "내"(my)라는 표현은 모두 11번이나 사용되었다. 비극적이게도 그 사람이 단순히 미래에는 안락하게 살 거라고 생각했던 반면, 실제로 그의 삶은 파멸과 영원한 고통으로 얼룩지게 되었다. 하나님은 그에게 "어리석은 자여 오늘밤에 네 영혼을 도로 찾으리니 그러면 네 예비한 것이 뉘 것이 되겠느냐"(눅 12:20)고 말씀하셨다. 그리고 예수께서는 심각한 경고로 이 비유를 끝맺으신다. "자기를 위하여 보물을 땅에 쌓아 두고 하나님께 대하여 부요치 못한 자는 이 부자와 같이 동일한 운명을 겪게 될 것이다(눅 12:21 참조).

"탐심"은 당신에게 "네가 지금 가진 것만으로 만족하지 말라. 너의 생애 가운데 붙잡을 수 있는 것은 모두 붙잡아라. 설령 그것이 네 형제에게서 빼앗아야 하는 것이라 해도 말이다"라고 말한다. 이러한 태도는 오늘날의 우리 사회에 만연해 있다. 탐심은 우리 자신도 모르는 사이에 빠져들게 되기 때문에 더더욱 위험하다. 다른 이들이 가진 것을 바라보기 시작할 때 마음에 욕망의 불씨가 싹트게 된다. 그리고 행복하고 안락하게 살기 위해 필요한 것들을 사들이기 시작한다. 그리고 우리는 단지 '가족을 위해서'라는 구실 아래 하나님께 드릴 시간과 돈을 허비한다.

탐심은 우리에게 취할 수 있는 모든 것을 소유하라고 호소하지만 예수께서는 "너희 목숨을 위하여 무엇을 먹을까 몸을 위하여 무엇을 입을까 염려하지 말라"(눅 12:22)고 말씀하신다. 그리고 그런 것들에 대해 염려하는 것이 상황을 해결하는 데 도움이 되지 못한다고 덧붙이셨다. 그 대신에 우리는 하나님을 의지해야 한다. 하나님의 뜻을 행하며 그분의 나라를 위해 일하는 것이 우리에게 최대의 관심사가 되어야 한다. 왜냐하면 주님은 우리에게 정말 필요한 것을 갖게 하시기 때문이다(눅 12:22~34 참조).

용서의 결핍

예수께서 이 사람의 기도에 응답하지 않으신 네번째 이유는 그가 용서하는 데 인색했기 때문이다. 분명히 두 형제가 아버지가 돌아가신 후에 그 유산을 놓고 싸우고 있다. 요즘에도 이러한 유산 문제로 가족들의 사이가 벌어지는 경우가 종종 있다. 형제들은 서로 자기들의 생각이 정당하다고 다툰다. 자기 생각이 옳다고 고집함으로써 최악의 사태를 초래하기도 하는데. 그러한 사태를 회복하는 데는 수년씩이나 걸린다. 주님께 왔던 그 사람은 자신의 형이 분명히 자기를 속이고 유산을 탈취했다고 생각했다. 그래서 그는 형을 용서할 수가 없었다.

만일 이 사람이 용서할 마음이 있었다면 그는 은밀히 주님께 와서 이렇게 말했을 것이다.
"선생님, 저는 마음에 큰 짐을 가지고 있습니다. 형은 저를 속였지만 저는 형을 사랑합니다. 그래서 이 문제로 소란을 일으키고 싶지 않습니다. 주님. 저와 제 형을 위해 기도해 주세요. 형을 사랑하고 도울 수 있도록 저를 도와 주세요. 우리가 하나님께 영광을 돌릴 수 있게 해주세요."
주님의 기도를 보라.
"우리가 우리에게 죄 지은 자를 사하여 준 것같이 우리 죄를 사하여 주옵시고"(마 6:12).

만일 우리가 다른 사람을 용서하는 만큼만 주께서 우리를 용서하신다면. 우리가 주님 앞에 어떻게 설 수 있겠는가? 그렇다면 하나님께서 왜 다른 사람을 용서하라고 가르치시는지 아는가? 그것은 바로 그렇게 하지 않을 때 우리가 상처를 받기 때문이다. 사단은 우리가 어떤 사람에게 원한을 품는 것이 그 사람에게 고통을 주며 보복하는 길이라고 믿게 한다. 그러나 당신이 상대를 원수로 삼고자 한다면 적들은 되로 받고 말로 갚으려 할 것이기 때문에 당신이 관대해져야 한다. 그들은 당신에게 온갖 근심을 하게 한다. 잠을 못 이루게 하고. 마음의 평안을 빼앗아 갈 것이다. 그래서 하나님의 말씀은 형제를 법정으로 끌고 가 자기 몫을 위해 싸우기보다는 손해를 보는 것이 더 낫다고 말씀하시는 것이다(고전 6:7 참조).

물론 최선의 방법은 누군가 당신에게 깊은 상처를 준다 해도 원수를 갚기보다는 용서해 주는 것이다. 그러나 이 사람은 형을 용서할 수가 없었고. 자신의 형이 잘못되었다고 확신하고 있었다. 그러나 그가 잘못되지 않을 수도 있다. 우리는 기도하면서 때때로 자신에게 해를 입힌 사람들에 대해 기도한다. 그러나 이렇게 말하지는 말라.

"아버지여, 내가 누구에게 상처를 주었단 말입니까? 지금 기도를 멈추고 그에게 가서 나를 용서해 달라고 구해야 할 필요가 반드시 있겠습니까?"

　주의 기도는 이렇게 이어진다.
"우리를 시험에 들게 하지 마옵시고 다만 악에서 구하옵소서"(마 6:13).
이 사람은 용서하지 못함으로 말미암아 마귀의 계략에 빠졌다. 에베소서 4장 26, 27절을 보면, "분을 내어도 죄를 짓지 말며 해가 지도록 분을 품지 말고 마귀로 틈을 타지 못하게 하라"고 씌어 있다. 이 사람은 가족간의 관계와 하나님과의 관계를 파괴시킬 수 있는 절호의 기회를 사단에게 내어 준 셈이다. 그는 그의 형에게 분을 내고 원한을 품었다. 그는 자기 형에게 이렇게 말할 수도 있었을 것이다. "형 때문에 나는 몹시 화가 나 있소. 그러나 이 문제를 풀어 버립시다. 예수님께 이 문제를 말씀드리고 해결받도록 합시다."

　에베소서 4장에 계속해서 이렇게 말씀하고 있다.
"하나님의 성령을 근심하게 하지 말라 그 안에서 너희가 구속의 날까지 인치심을 받았느니라 너희는 모든 악독과 노함과 분냄과 떠드는 것과 훼방하는 것을 모든 악의와 함께 버리고 서로 인자하게 하며 불쌍히 여기며 서로 용서하기를 하나님이 그리스도 안에서 너희를 용서하심과 같이 하라"(엡 4:30~32).
여기에서 하나님은 마귀가 틈타지 못하도록 막아야 한다고 말씀하셨다. 우리는 모든 악독과 노함과 악의를 벗어버려야 한다.

악의는 온몸에 독을 퍼뜨려 고통을 주며 우리를 좀먹는 영혼의 암과 같다. 그러므로 우리는 서로에게 친절하며 용서하는 사람이 되어야 한다. 하나님께서는 우리가 어떠한 본을 따라야 할 것인지 친히 보여 주셨다. 하나님께서 우리를 얼마나 여러 번 그리고 얼마나 많이 용서해 주셨는지 기억해 본다면, 우리는 감히 형제에게 원한을 품지 못할 것이다.

"우리를 시험에 들게 하지 마옵시고 다만 악에서 구하옵소서"(마 6:13). 때때로 우리는 물질적인 욕망 때문에 시험에 든다.

"돈을 사랑함이 일만 악의 뿌리가 되나니 이것을 사모하는 자들이 미혹을 받아 믿음에서 떠나 많은 근심으로써 자기를 찔렀도다"(딤전 6:10).

당신은 탐심이 사람들에게 얼마나 많이 다른 계명을 범하게 하는지 알고 있는가? 최후의 계명은 "탐내지 말라"(출 20:17)는 것이다. 사람이 탐심을 갖기 시작하면, 우상숭배자가 된다(출 20:3~5 참조). 실제로 골로새서 3장 5절은 "탐심이 곧 우상 숭배"라고 말하고 있다. 왜 그런가? 우리가 하나님의 위치에 그것들을 놓았기 때문이다. 탐심을 품은 사람은 자기가 원하는 것을 얻기 위해 거짓말을 하게 되고, 그러다가 그는 도적질을 하게 될 것이고(출 20:15 참조), 심지어 간음과(출 20:14 참조) 거짓 증거까지 하게 될 것이다(출 20:16 참조). 또 자기 욕심을 채우기 위해 가족들에게 불명예스런 수치를 안겨줄 것이다(출 20:12 참조). 따라서 더 많은 것을 가지려는 욕심은 우리에게 또 다른 계명들을 범하게 하며 더욱 깊은 죄를 짓게 할 것이다.

우리는 자신을 시험에 들지 않게 하고 하나님께 "우리를 악에서 구원하소서 나라가 주의 것이니이다"(마 6:13)라고 간구해야 한다. 모든 것은 하나님의 지배하심 아래에 있으므로 우리는 그분을 의지할 수 있다. 주님은 문제를 해결해 주실 것이고, 우리가 사람들로부터 얻을 수 있는 것보다 훨씬 더 좋은 것을 주실 것이다.

"권세와 영광이 아버지께 영원히 있사옵나이다"(마 6:13).

우리가 기도로 하나님께 나아가면 실제적인 문제들을 해결받게 된다. 누가 영광을 받게 될 것인가? 하나님이 영광을 받으신다면 우리는 확신을 가지고 기도할 수 있다. 그러나 받은 것을 자랑하고 싶어 내가 영화롭기를 원한다면 문제는 전혀 달라진다. 그때는 하나님이 우리의 기도에 응답하지 않으실 것이다.

지금부터 100년 후에 이런 상황은 영원이라는 차원에서 볼 때 어떻게 보이겠는가? 당신은 당신의 잘못된 태도들을 후회할 것인가? 당신은 이러한 사소한 일을 문제 삼은 것에 대해 후회할 것인가? 우리에게는 매우 중요하고 결정적인 일들이 영원의 차원에서는 매우 하찮게 보인다. 당신이 걱정하고 있거나 어려워하고 있는 상황들을 검토해 보라. '영원'이라는 측면에서 그 문제가 과연 시간과 정력을 쏟을 만한 가치가 있는가? 자신의 요구사항을 주님께 가져왔던 사람은 자기 앞에 서신 분에 대해 잘 알지 못했던 것이 분명하다. 그의 요구는 우리에게 가르쳐 주신 주님의 기도 모범에 훨씬 못 미쳤던 것이다. 주께서는 여러 가지 이유로 그의 요구를 들어주지 않으셨다.

첫째로, 그는 이기적이었다. 그는 바로 자신의 마음이 문제인 것을 알지 못했다. 그는 오직 자기 형이 얼마나 많이 갈취했는가에만 시선을 집중시켰다.

둘째로. 이 사람은 하나님께 영광을 돌리지 못했다. 그의 가정의 분쟁은 여러 사람들 앞에서 거론할 성질의 것이 아니었음에도 불구하고 그는 자기의 바람과 위로받을 것만을 생각했다.

셋째로. 이 사람은 탐심을 갖고 있었기 때문에 이 문제를 풀기보다는 자신이 더욱 많이 갖기만을 원했다. 그는 형이 자신보다 조금이라도 더 많이 갖도록 내버려두지 않았을 것이다.

넷째로. 이 사람은 형에 대한 용서가 부족하여 어리석게도 마귀에게 틈 탈 기회를 주었다. 돈에 대한 사랑은 그를 시험과 여러 가지 올무에 빠지게 했다. 만일 돈이나 물질이 우리에게 그렇게도 중요한 위치를 차지하고 있다면 우리는 조심해야 한다. 욕심은 또 다른 죄악을 낳게 하고 또한 주님과의 관계에 해를 가져다주기 때문에 주께서 우리의 기도에 응답해 주실 수 없게 만들 것이다.

마크 트웨인(Mark Twain)은 "문명은 불필요한 필요를 끊임없이 증가시키고 있다"고 말한 적이 있다. 나는 그의 말이 사실이라고 생각한다. 우리는 자신이 소유한 물질이 곧 우리의 생명이라고 생각하게 될 위험성에 놓여 있다. 그러나 사실은 그렇지 않다. 우리 주님은 이렇게 경고하셨다.

"삼가 모든 탐심을 물리치라 사람의 생명이 그 소유의 넉넉한 데 있지 아니하니라"(눅 12:15).

기도의 값비싼 대가

"그 때에 세베대의 아들의 어미가 그 아들들을 데리고 예수께 와서 절하며 무엇을 구하니 예수께서 가라사대 무엇을 원하느뇨 가로되 이 나의 두 아들을 주의 나라에서 하나는 주의 우편에, 하나는 주의 좌편에 앉게 명하소서 예수께서 대답하여 가라사대 너희 구하는 것을 너희가 알지 못하는도다 나의 마시려는 잔을 너희가 마실 수 있느냐 저희가 말하되 할 수 있나이다 가라사대 너희가 과연 내 잔을 마시려니와 내 좌우편에 앉는 것은 나의 줄 것이 아니라 내 아버지께서 누구를 위하여 예비하셨든지 그들이 얻을 것이니라 열 제자가 듣고 그 두 형제에 대하여 분히 여기거늘 예수께서 제자들을 불러다가 가라사대 이방인의 집권자들이 저희를 임의로 주관하고 그 대인들이 저희에게 권세를 부리는 줄을 너희가 알거니와 너희 중에는 그렇지 아니하니 너희 중에 누구든지 크고자 하는 자는 너희를 섬기는 자가 되고 너희 중에 누구든지 으뜸이 되고자 하는 자는 너희 종이 되어야 하리라 인자가 온 것은 섬김을 받으려 함이 아니라 도리어 섬기려 하고 자기 목숨을 많은 사람의 대속물로 주려 함이니라"(마태복음 20:20~28).

우리를 살리시고 함께 다스리게 하시기 위해 주님은 엄청난 값을 치르셔야 했다.
마찬가지로 우리의 기도를 응답하시는 데도 하나님은 값을 치르셔야만 한다.

진지하게 기도하는 그리스도인은 누구나 응답받지 못하는 기도에 실망한다. 이런 일이 일어날 때, 사람들은 각기 다른 반응을 보인다. 어떤 사람은 하나님을 설득하기 위해 애쓰고, 어떤 이들은 하나님께 불만을 품고 그분의 뜻에 반항하며 교회를 떠난다. 또 어떤 이들은 여전히 조용히 슬픔을 안고 실망과 낙담 속에서 살아가며, 어떤 이들은 무슨 일이 일어나게 될 것을 기대하면서 용감하게 계속 기도한다. 언제가 될지는 모르지만 누구나 살면서 응답받지 못한 기도로 인해 마음에 상처를 입을 수 있기 때문에, 우리는 이 문제에 현실적으로 어떻게 대처해야 할지 배워야만 한다.

응답받지 못한 기도의 문제로 고심할 때 우리는 무엇보다도 자신이 혼자가 아니라는 사실을 기억해야 한다. 이미 살펴본 바와 같이 하나님의 위대한 종들도 경우에 따라서는 이런 경험을 하였다. 앞에서 우리는 각각의 경우에 하나님께서 왜 응답하지 않으셨는지 그 특별한 이유들을 살펴보았다. 그것이 이기심에 관한 것이든, 탐심에 관한 것이든, 용서하지 못하거나 혹은 그 외에 다른 어떤 죄이든 간에 문제의 핵심은 그들의 마음에 있었다. 하나님께서 "안 돼"라고 말씀하실 때는 대개 우리가 삶 속에 기도를 방해하는 어떤 문제들을 갖고 있기 때문이다. 그러나 간혹 하나님께서는 엘리야나 귀신들렸다가 고침받은 사람의 경우처럼 더욱 큰 목적을 갖고 계시기 때문에 응답하지 않으실 수도 있다. 그리고 본 장에서 살펴보겠지만, 우리의 기도는 때때로 잘못된 태도 때문에 응답을 받지 못할 때도 있다.

마태복음 20장에서 우리는 야고보와 요한 그리고 그들의 모친 살로메의 기도와 거기에 대한 예수님의 반응을 보게 된다. 야고보와 요한은 신실하고 헌신된 예수님의 제자들이다. 그러나 이 구절에서 그들이 교만했던 것을 알 수 있다. 그들의 기도에는 부분적으로 교만한 동기가 있었다. 실제로 그들은 자신들이 많은 사람 앞에서 요구한 것을 예수께서 주시리라 확신했다. 그러나 주님은 그들이 당신의 사역의 목적과 기도의 목적을 잘 알지 못하고 오해하고 있음을 아셨기 때문에 그들의 요구를 들어주지 않으셨다. 그분은 이렇게 말씀하셨다.
"너희 구하는 것을 너희가 알지 못하는도다 나의 마시려는 잔을 너희가 마실 수 있느냐"(마 20:22).

만일 야고보와 요한이 하나님의 나라와 장차 임할 사건을 예언하신 주님의 말씀을 참으로 이해했더라면(마 20:17~19 참조), 그들은 이런 요구를 하지 않았을 것이다. 그들은 주님의 좌우편에 앉는 특권을 얻지는 못했지만 예수님과 같은 잔을 마셨다. 야고보는 열두 사도 가운데 맨 처음 순교했다. 헤롯왕이 그의 목을 베었다(행 12:1, 2 참조). 요한 역시 혹독한 핍박을 당했고, 여러 번 감옥에 갇혔으며, 마침내 그가 죽음을 맞은 밧모섬으로 추방당했다(계 1:9 참조).

기도는 규칙을 준수하는 것이 아니라 주님과의 관계이다

이 사건을 통해 예수님은 제자들에게 기도의 목적과 기도의 자세에 관해 중요한 세 가지 교훈을 말씀해 주셨다. 첫째로 기도는 규칙에 따라 하는 것이 아니라 하나의 관계를 말해 주고 있다. 우리는 매우 공식화된 세계 속에 살고 있다. 그것은 대부분 과학의 발달에 기인한다. 우리 사회는 매우 기계화되어 있고 논리적이다. A와 B와 C를 누르면 D가 나올 것이란 사실을 우리는 배워 왔다. 학자들은 이성을 사용하고 과학 법칙을 따름으로써 모든 만물이 논리적으로 설명될 수 있다고 가르친다.

이러한 사고가 영적 생활에 침투될 때 그리스도인들은 종종 그러한 식으로 생각하는 죄를 범한다. 그들은 성령으로 충만케 되는 5단계, 문제 해결을 위한 8단계로 요약된 규칙들을 따름으로써 주님과의 관계가 잘 회복될 것을 믿고 실천한다. 심지어 어떻게 기도해야 할 것인가에 대해서도 고안된 공식을 갖고 있다. 그리고 거기에 제시된 특별한 순서들을 따라 실천한다. 즉 하나님께 대한 찬양, 죄의 고백, 감사, 그리고 다른 사람과 자신을 위한 간구 등 어떤 '규칙' 들을 따라 기도한다. 그리고 믿음을 가지고 그와 같은 특별한 방법 을 따라 기도한다.

그러면서 그들은 내게 이렇게 묻는다.
"위어스비 형제, 우리는 이 모든 단계를 따라 실천해 보았습니다. 그런데 어째서 우리는 여전히 예전과 똑같은 혼돈 상태에서 벗어나 지 못합니까? 우리에게 잘못된 것이 무엇입니까?"
그럴 때 나는 그들에게 "그리스도인의 삶은 규칙을 따르는 데 있지 않습니다. 그것은 주님과의 관계입니다"라고 간단하게 대답한다. 이 말은 기도 생활에 있어서 특별히 진리이다. 이러한 기도의 규칙과 방식은 따르기에는 좋게 제시되었지만, 우리의 기도에 대한 응답을 자동적으로 보장해 주지는 않는다.

우리는 마태복음 20장에서 살로메와 그녀의 두 아들이 기도의 모든 규칙을 따라 기도하였음을 볼 수 있다. 첫째로, 우리는 그들이 올바 른 태도를 가지고 있었음을 알 수 있다. 그들은 주님께 절하며 구하 기 시작했다(마 20:20 참조). 둘째로, 그들은 자신들의 원하는 바를 명확하게 제시했다. 오늘날 수많은 사람들이 너무도 막연하게 기도를 한다는 데 문제가 있다. 우리는 "주님, 우리의 목사님과 전 세계에 나가 있는 선교사들을 축복해 주십시오. 그리고 어느 곳에나 평화를 내려 주소서"라고 기도한다. 그러나 그 후에 자신의 기도가 응답되었 는지 전혀 알아보지도 않는다. 이것은 참으로 놀라운 일이다.

　기도의 모범을 보여 주신 주의 기도에서 우리는 매일매일의 필요에 대한 채우심과 시험에서의 도우심 그리고 서로에 대한 용서 등 명확한 항목을 놓고 주께서 기도하시는 모습을 볼 수 있다(마 6:9~13 참조). 그들은 올바른 태도로 특별한 요구를 구했을 뿐만 아니라 약속을 주장했다. 이것 또한 기도의 중요한 일면이다. 살로메와 그녀의 두 아들이 무엇을 구했는가? 이 사건 바로 직전에 예수께서는 열두 제자들에게 이런 말씀을 하셨다.

"내가 진실로 너희에게 이르노니 세상이 새롭게 되어 인자가 자기 영광의 보좌에 앉을 때에 나를 좇는 너희도 열두 보좌에 앉아 이스라엘 열두 지파를 심판하리라"(마 19:28).

　살로메는 이 약속을 기억하고 그녀의 아들들을 위해 그 자리를 구했다. 그녀는 실제로 이렇게 말한 것이다.

"나는 주께서 말씀하신 것을 기억하고 있습니다. 주님은 주의 나라에서 제자들을 보좌에 앉혀 주시겠다고 약속하셨습니다. 그래서 저는 구합니다. 나의 두 아들을 당신의 보좌 좌우에 있는 영광된 자리에 앉혀 주시지 않겠습니까?"

더 나아가 예수님을 따른 이 세 사람은 믿음을 갖고 있었다. 그들이 믿음을 갖고 있었는지 어떻게 아는가? 예수님께서 방금 예언을 하셨기 때문이다(마 20:17~19 참조). 주님은 당신이 팔려 십자가에 못 박혀 죽었다가 사흘 만에 다시 살아나기 위해 이 땅에 오셨다고 제자들에게 말씀하셨다.

　그들이 비록 그분의 죽으심과 그 나라의 목적을 이해하지는 못했다 할지라도 그들은 예수께서 십자가에서 죽으심에도 불구하고, 자기들을 재판장으로 삼으시겠다는 약속을 믿었던 것이다. 그들은 예수께서 다시 살아 약속하신 대로 그분의 나라를 세우실 것이라는 엄청나게 큰 믿음을 갖고 있었다. 더군다나 살로메와 야고보와 요한은 합심하여 구했다. 일찌기 주께서는 그들에게 이렇게 말씀하셨었다. "진실로 다시 너희에게 이르노니 너희 중에 두 사람이 땅에서 합심하여 무엇이든지 구하면 하늘에 계신 내 아버지께서 저희를 위하여 이루게 하시리라"(마 18:19).

자신들이 원하는 것을 합심하여 구했기에 그들은 당연히 응답될 것이라고 생각했다. 여기에서 우리는 살로메와 그녀의 아들들이 응답받는 기도의 모든 조건에 적합한 간구를 올렸음을 알 수 있다. 그들은 올바른 경배의 태도를 갖고 있었고, 분명한 요구를 했으며, 또한 그리스도의 약속을 주장하여 간구했고, 그 약속을 능히 이루실 것이라는 믿음을 가지고 있었다. 그리고 그들은 합심하여 간구했다. 그런데 하나님께서는 왜 그들의 기도에 응답해 주지 않으셨는가? 그들은 '하나님과의 관계'에 잘못이 있었기 때문이다. 우리는 모든 기도의 '규칙'을 따를 수가 있다. 그러나 만일 우리가 주님과 또 다른 이들과의 관계가 잘못되었다면, 우리의 기도는 결코 응답되지 않을 것이다.

그들은 어떻게 잘못되어 있었는가? 무엇보다도 야고보, 요한 그리고 살로메는 각각 옳지 않은 생각을 하고 있었다. 그들은 모두 중요한 위치를 차지하기 원했다. 살로메는 그녀의 아들들이 하나님의 나라에서 영광된 자리를 차지할 경우에 자기가 어떤 인정을 받게 될 것인지 생각했다. 그리고 야고보와 요한은 다른 제자들보다도 자신들이 더욱 권세있고 존경받는 자리에 앉게 되기를 원했다. 아울러 이 모자(母子)들 간에도 서로 잘못된 생각을 갖고 있었다. 살로메는 아들들의 마음을 떠받들어 그들의 버릇을 잘못 들이고 있었다. 그녀는 그들의 인품을 함양시키거나 더 훌륭한 사람이 되게 하는 데에는 별로 관심이 없었다. 단지 그들이 기뻐하도록 만들어 주는 데 온 관심을 쏟았다.

마찬가지로 야고보와 요한도 자신들이 원하는 바를 얻기 위해 어머니를 이용하려 했다. 아마도 그들 스스로는 예수님께 그와 같은 요청을 할 만한 담력이 없었나 보다. 그래서 그들은 자신들을 대신해 어머니가 그러한 요청을 하도록 방조하였을 것이다. 그러나 주께서는 그 자리를 얻기 위해 어떤 준비를 하거나 노력을 함으로써 그 영광된 자리에 앉을 수는 없다고 말씀하셨다. 그 보좌들은 하나님께서 예비하신 사람들을 위한 것이다(마 20:23 참조). 다른 제자들과의 관계상으로 볼 때도 살로메와 두 아들은 잘못된 생각을 하고 있었다. 그들은 다른 사람들은 제외하고 자기들만을 위해 간구했다. 그들은 오직 자신들이 요구한 것을 얻게 될 경우에 다른 제자들과의 관계에서 어떤 변화가 있을지 생각하며 그것만을 염두에 두었다. 이 일로 인해 실제로 열두 제자 사이에 갈등이 생겼음을 알 수 있다.

마지막으로 그들은 주님과의 관계에서도 잘못된 견해를 갖고 있었다. 그들이 요구하는 것을 볼 때 그들은 하나님의 뜻에 대해서도 몰

랐고 기도를 응답받기 위해 치러야 할 대가에 대해서도 무지했던 것이 분명하다. 만일 그들이 예수 그리스도에 대해 진정으로 알고 있었더라면, 그들은 주님이 모든 사람을 동일하게 사랑하고 계심을 알았을 것이다. 그분은 결코 편애하지 않으신다. 그래서 누군가에게 해가 될 만한 기도에 응답하지 않으실 것이다. 그리하여 기도에 있어서 가장 요구되는 태도는 "복종"이다.

우리는 서로에게 복종함으로써 관계를 이어간다. 어떤 사람과 진실된 관계를 갖게 될 때 그 사람의 내면과 외면 모두를 이해할 수 있고, 그가 무엇을 생각하고 느끼고 있는지 알 수 있을 만큼 가까운 유대 관계를 갖게 된다. 또한 그를 사랑하기 때문에 그가 기뻐할 일을 하려고 한다. 이것이 바로 우리가 주님과 맺어야 할 관계이다. 주님께로 가까이 가면 갈수록 주께서 우리에게 무엇을 원하시는지 알게 될 것이다. 그때 우리는 주님의 뜻을 따라서 기도할 수가 있고, 그 기도는 응답될 것이다.

기도는 주문하는 것이 아니라 주문을 받아들이는 것이다. 기도가 응답되지 않을 경우에 당신은 무엇보다도 먼저 기도란 규칙을 준수함으로 되지 않고 주님과의 관계임을 기억해야 한다. 만일 당신이 주님과의 관계와 이웃과의 관계가 바르지 못하다면 기도는 방해를 받게 될 것이다. 이제 두번째 교훈으로 우리가 배워야 할 것은 기도는 무엇을 주문하는 것이 아니라 주문을 받아들이는 것이라는 사실이다. 사람들은 흔히 하나님에 대해 '전통적인 사환'이나 '심부름꾼'과 같이 잘못된 생각을 갖고 있다. 또한 기도하는 자리가 곧 주님께 무엇을 제시하는 흥정의 탁상이 되기도 한다.

"만일 주께서 이 흥정을 끝까지 고수하실 것 같으면, 나도 고수하겠습니다."

그러나 기도는 하늘에 계신 우리 아버지와 상업적으로 관계를 맺는 것이 아니다. 우리는 자기가 원하는 것을 얻고자 하나님과 흥정해서는 안 된다.

살로메와 그녀의 두 아들은 기도의 목적을 잘못 알고 있었다. 기도는 당신을 위해 주께서 무엇을 행하셔야 할지 아뢰는 것이라기보다 먼저 주님께 이렇게 고백해야 하는 것이다.

"주님, 나는 이렇게 준비되어 있습니다. 당신의 이름이 거룩히 여김을 받으시고 나라가 임하옵시며 뜻이 하늘에서 이룬 것 같이 땅에서도 이루어지이다. 그리고 저를 사용해 주옵소서."

만일 야고보와 요한, 살로메가 예수께 나와 "주님, 당신께 경배드리며 저는 당신의 종이 되기를 원합니다. 주께서는 우리가 무엇을 어떻게 행하기 원하십니까?"라고 말했더라면, 상황은 완전히 달라졌을 것이다.

당신은 종으로서 기도하고 있는가? 기도는 보좌에 오를 권리나 다른 사람에게 어떻게 명령할 권리를 주지 않는다. 대신 기도는 주께서 우리 안에서 우리를 통해 역사하시도록 자신을 준비시키는 것이다.

"우리 가운데 역사하시는 능력대로 우리의 온갖 구하는 것이나 생각하는 것에 더 넘치도록 능히 하실 이에게"(엡 3:20).

우리가 어떤 것을 주장하며 구하기보다 도리어 그리스도의 말씀을 받아들이고 기꺼이 따를 때, 주님의 능력이 우리가 구한 것이나 생각한 것에 넘치도록 우리의 삶 가운데 역사하신다.

기도는 받는 것이 아니라 주는 것을 말한다

우리가 필수적으로 배워야 할 세번째 교훈은 기도가 단지 얻는 것만이 아니라 주는 것을 뜻한다는 것이다. 물론 우리는 기도함으로 많은 것을 얻을 수 있고, 또 우리가 필요한 것을 하나님께 구하는 것역시 기도하는 목적 가운데 하나가 된다.
"오늘날 우리에게 일용할 양식을 주옵시고"(마 6:11).
그러나 우리가 주는 것 없이 단지 받기만 원한다면, 우리의 기도는 하나님께서 응답하실 수 없는 아주 비천한 것이 되고 만다. 광야에서 이스라엘 백성들은 하나님께 이렇게 부르짖었다.
"우리는 이제 만나를 먹기에 질렸습니다. 고기를 먹게 해 주시옵소서"(민 11:4~6 / 16~20 / 31~33 참조).

　하나님께서는 그들의 요구를 들으시고 하늘에서 메추라기 떼를 보내 주셨다. 그러나 그분은 또한 이스라엘 백성의 영혼을 파리하게 하셨다(시 106:14, 15 참조). 그들에게 있어서 차라리 그 기도는 응답되지 않는 편이 더 나을 뻔했다. 그들의 육체적인 욕구는 충족되었지만 영적인 삶은 곤고하게 되었다. 당신은 응답되지 않은 기도에 대해 감사해 본 적이 있는가? 당신의 기도목록에 적혀 있는 기도제목들을 한번 살펴보라. 당신은 당신이 구하는 것을 진정으로 원하는가? 만일 당신이 요구했던 모든 것을 하나님이 주셨더라면, 당신은 지금쯤 어떻게 되었겠는가? 그것은 보잘것없는 기도를 들어주신 시시한 응답이지 않았겠는가?

우리는 기도란 하나님과 우리에게 있어서 값을 치러야 하는 것임을 깨달아야만 한다. 그리스도가 임하실 때 영광된 자리에 앉기를 요청한 야고보와 요한에게 주님은 사실상 이렇게 말씀하셨던 것이다. "너희가 앉기를 원하는 그 보좌를 준비하기 위해 내가 얼마나 많은 값을 치러야 할지 너희는 알고 있느냐? 내가 십자가 위에서 피흘려야 너희는 나를 섬기는 특권과 어느 날 영광 중에 나와 함께 다스릴 수 있는 특권을 얻게 될 것이다."

우리를 살리시고 함께 다스리게 하시기 위해 주님은 엄청난 값을 치르셔야 했다. 마찬가지로 우리의 기도를 응답하시는 데도 하나님은 값을 치르셔야만 한다. 기도를 응답하심에 있어서도 하나님께서는 그분의 뜻을 이루시기 위해, 또한 우리 자신을 위해 우리 안에서 역사하셔야만 한다. 하나님께서는 피상적이고 이기적인 기도에 응답하지 않으신다. 하나님께서 우리의 그런 기도에 응답하시는 것은 이후에 우리에게서 더욱 심오하고 의미있는 축복을 빼앗는 결과가 되기 때문이다. 또한 그러한 응답을 받을 만한 준비를 갖추지 못했을 때 그분은 우리의 기도에 응답하지 않으신다. 예수께서는 야고보와 요한에게 영화의 보좌를 주실 수도 있었지만 그들이 아직 준비되지 않았음을 알고 계셨다. 그들에게는 먼저 고난의 불로 연단받는 과정이 필요했다.

성공할 만한 준비가 갖추어지지 않은 상태에서의 성공은 당신을 비극으로 인도해 갈 것이다. 사역에 있어서 이러한 일이 자주 일어나는 것을 보았다. 어떤 사람이 사역의 역량이 준비되지 않은 상태에서 사역을 시작했다. 그런데 그에게 칭찬과 박수 갈채가 쏟아지고 그가 부각되어지자 그것이 곧 그와 그의 사역을 파멸로 몰고가는 결과를 낳았다. 왜 그렇게 되었을까? 성공에 대해 미처 준비되기 전에 먼저 성공을 해버렸기 때문이다. 기도의 미덕은 하나님께서 우리를 위하여 마련해 놓으신 것을 위해 우리를 준비시키시는 데 있다. 우리가 주님과의 관계를 발전시켜 나가고 기도로 그분의 뜻을 끊임없이 찾을 때. 주님은 우리가 그 기도에 대해 응답을 받아 누릴 수 있게 완전한 준비를 갖추게 하실 것이며. 그 후에 응답하실 것이다.

이러한 기도의 응답에 우리 자신은 자주 사용되고 있다. 예를 들어 우리가 친구나 사랑하는 사람의 구원을 위하여 하나님께 기도한다면. 우리는 그 사람을 주께로 인도하는 데 사용될 수 있는 그릇이 되도록 자신을 준비시켜야 한다. 기도 응답의 열쇠는 종종 우리 자신을 기꺼이 내어놓는 데 있기 때문이다. 모세가 이스라엘 백성의 짐을 지고 그들의 해방을 위해 기도하였을 때 하나님께서는 그들을 건져내게 하시는 데 모세를 부르셨다(출 3:7~10 참조). 느헤미야 역시 예루살렘을 위해 하나님께 간구했을 때 그 사람들을 돕도록 하나님께서 바로 그를 그 성으로 보내셨다(느 1:5~11 / 2:11 참조).

야고보와 요한이 예수님께 보좌 양 옆에 앉는 특권을 달라고 구했을 때. 그들은 거기에 얼마나 큰 대가가 따라야 하는지 전혀 알지 못했다. 예수께서는 그들에게 큰 자가 되는 길은 바로 종의 길을 걷는 것이라고 말씀해 주셨다.

"너희 중에 누구든지 크고자 하는 자는 너희를 섬기는 자가 되고 너희 중에 누구든지 으뜸이 되고자 하는 자는 너희 종이 되어야 하리라"(마 20:26, 27).

첫째가 되고자 한다면, 우리는 먼저 끝이 되어야 한다. 섬김을 받으려면 먼저 섬겨야 한다. 우리의 섬김이 시작되는 바로 그 곳이 은혜의 보좌이므로, 우리는 거기에서 고개를 숙여 "내 뜻대로 마옵시고 아버지의 뜻대로 이루어지이다"라고 말해야 한다.

만일 우리의 기도가 자신으로 하여금 이기적인 사람이 되게 한다면, 거기에는 무언가 잘못이 있다. 살로메와 그녀의 두 아들들은 이 교훈을 배웠을 것이다. 이 사건 이후에 곧바로 살로메와 요한은 십자가 밑에 서게 된다(막 15:40 / 요 19:25, 26 참조). 그들은 십자가에 달리신 예수를 바라보면서 자신들이 명성과 권세를 구했던 것이 얼마나 잘못된 것이었는지 통감했을 것이다. 당신은 십자가를 기억하며 기도해 본 적이 있는가? 갈보리 사건에 비추어 기도해 본 적이 있는가? 그것은 자신을 매우 겸손하게 하는 경험이 되었을 것이다.

당신이 그렇게 소중하게 생각했던 것이 이미 그리스도께서 당신에게 주신 것과 비교해 볼 때 무가치하거나 보잘것없는 것으로 여겨질 것이다. 살로메와 그의 아들들의 기도를 통해 우리는 기도에 대한 중요한 진리들을 배울 수 있다. 응답받는 기도는 하나님께 있어서나 우리에게 있어서나 결코 값싼 것이 아니다. 만일 우리가 기도에 응답받기를 원한다면 그 대가를 기어이 치러야 한다.

첫째로. 우리는 하나님과 다른 사람들 사이에 적절한 관계를 맺는 데 시간과 정력을 투자해야 한다. 왜냐하면 기도는 어떤 규칙이나 형식의 목록이 아니라 관계이기 때문이다.

둘째로. 우리는 기도로써 무엇을 주문하기보다는 도리어 기꺼운 마음으로 주문을 받아들여야 한다. 기도하는 시간이 필요한 것을 놓고 하나님과 흥정하는 시간이 되어서는 안 된다. 대신 우리는 주님께 그분의 뜻이 우리 안에서 이루어지도록 구한 후에 무엇을 하라고 말씀하시는지 기다려야 한다.

셋째로. 우리는 하나님께서 우리가 요구할 것을 이루는 데 도구가 되도록 우리 자신을 기꺼이 내어드려야 한다. 왜냐하면 기도는 받는 것만이 아니라 주는 것이기 때문이다. 이러한 중요한 교훈들을 배우게 될 때 우리는 비로소 응답받는 기도의 기쁨을 경험하게 될 것이다.

기도와 고난
9.

"무익하나마 내가 부득불 자랑하노니 주의 환상과 계시를 말하리라 내가 그리스도 안에 있는 한 사람을 아노니 십 사 년 전에 그가 세째 하늘에 이끌려 간 자라 (그가 몸 안에 있었는지 몸 밖에 있었는지 나는 모르거니와 하나님은 아시느니라) 내가 이런 사람을 아노니 (그가 몸 안에 있었는지 몸 밖에 있었는지 나는 모르거니와 하나님은 아시느니라) 그가 낙원으로 이끌려 가서 말할 수 없는 말을 들었으니 사람이 가히 이르지 못할 말이로다 내가 이런 사람을 위하여 자랑하겠으나 나를 위하여는 약한 것들 외에 자랑치 아니하리라 내가 만일 자랑하고자 하여도 어리석은 자가 되지 아니할 것은 내가 참말을 함이라 그러나 누가 나를 보는 바와 내게 듣는 바에 지나치게 생각할까 두려워하여 그만 두노라 여러 계시를 받은 것이 지극히 크므로 너무 자고하지 않게 하시려고 내 육체에 가시 곧 사단의 사자를 주셨으니 이는 나를 쳐서 너무 자고하지 않게 하려 하심이니라 이것이 내게서 떠나기 위하여 내가 세 번 주께 간구하였더니 내게 이르시기를 내 은혜가 네게 족하도다 이는 내 능력이 약한 데서 온전하여짐이라 하신지라 이러므로 도리어 크게 기뻐함으로 나의 여러 약한 것들에 대하여 자랑하리니 이는 그리스도의 능력으로 내게 머물게 하려 함이라 그러므로 내가 그리스도를 위하여 약한 것들과 능욕과 궁핍과 핍박과 곤란을 기뻐하노니 이는 내가 약할 그 때에 곧 강함이니라"(고린도후서 12:1~10).

지금까지 살펴본 응답받지 못한 여러 가지 기도의 실례들을 통해 우리는 주께서 응답하지 않으시는 이유를 쉽게 알 수 있었다. 형의 처사에 대해 불만을 품고 예수님을 찾아왔던 사람은 "탐심의 기도"를 하였고, 야고보, 요한과 그들의 어머니 살로메는 "이기적인 기도"를 하였다. 그러나 사도 바울이 병고침을 위해 기도했던 경우처럼 주께서 왜 그러한 요구에 거절하셨는지에 대해서 이해하기 쉽지 않은 기도도 있다. 그것에 대해 고린도후서 12장에서 살펴보도록 하겠다.

고린도 교인들은 매우 교만하였고 영적으로 타락한 신자들이었다. 그들은 심지어 바울과 그의 사도적 권위에까지 공격을 가했다. 그래서 바울은 자기를 사도로 부르신 몇몇 증거를 보일 필요조차 느꼈다. 바울은 그들에게 자기의 배경과 복음을 전하기 위해 겪었던 고난들에 대해 이야기했다. 심지어 바울은 어떻게 자신에게는 하늘나라의 영광을 보는 일까지 허락되어졌는지 설명했다. 그런데 바울이 그런 특별한 영광을 누렸기 때문에 하나님께서는 그가 너무 자만해하지 않도록 육체적인 고통을 주셨다.

바울은 이러한 사실을 고린도 교인들에게 말하면서 약간의 덕스런 반어법을 사용했다. 고린도 교인들에게는 자신들이 받은 축복을 자랑하고 싶은 마음이 있었기 때문이다. 그래서 바울은 이렇게 말했다. "나는 하늘에 올라갔었던 사실에 대해 능히 자랑할 수도 있었다. 그렇지만 나는 14년 동안 거기에 대해 침묵을 지켰다. 또한 내가 받았던 특별한 계시들을 자랑할 수 있었다. 그러나 도리어 나는 나의 약한 것들로서 자랑하려 하노라."
바울은 그의 육체적 고통이 낫도록 세 번씩이나 기도했다. 그러나 그의 기도는 응답되지 않았다. 당신이 생각하기에 만일 기도 응답을 받을 만한 사람이 있다면 그는 바울 사도여야 한다고 생각하겠지만, 그의 기도는 응답되지 않았다.

우리 주님이 겟세마네 동산에서 세 번이나 기도하셨듯이. 바울도 세 번 기도했다는 사실은 매우 흥미롭다(마 26:36~46 참조). 하나님께서는 견디어 내야 할 고난을 당하는 아들 되신 예수를 돌아보지 않으셨던 것처럼 바울의 고통 역시 덜어 주지 않으셨다. 대신 하나님의 영광을 위해 받는 고난을 잘 감당할 수 있도록 그에게 은혜를 더해 주셨다. 따라서 바울은 하나님께서 특별한 목적을 위해 자기에게 고통을 허락하셨음을 알기 시작했다. 응답받지 못했던 바울의 경험을 더욱 자세히 살펴봄으로써 그 사건을 통해 몇몇 교훈들을 배우기로 하자.

고통에는 하나님의 목적이 있다

첫번째 교훈으로써 우리가 바울의 경험에서 배우는 것은 우리가 당하는 고통에는 하나님의 목적이 반드시 있다는 것이다. 물론 고통은 모두 하나님께서 주시는 것이라는 의미는 아니다. 때때로 우리는 육신의 병에 걸리게 된다. 만일 우리가 도덕적으로 경건하게 살지 않아서 병에 걸렸다면 놀라지 않을 것이다. 또 우리가 음식을 잘못 섭취해서 병에 걸렸다면 원인 치료를 할 수 있다. 때때로 흡연이나 음주와 같은 습관들은 우리의 신체에 해를 주고 손상을 입힌다. 그러나 우리는 일반적으로 심각한 병에 걸리기 전에는 자신의 잘못된 행동을 개선하려고 노력하지 않는다. 병에 걸리고 나서야 하나님께 이렇게 부르짖는다.

"하나님. 다시는 그렇게 하지 않겠습니다."

그러나 일단 고통에서 벗어나게 되면 우리는 그 즉시 옛생활로 돌아가 습관대로 살아간다. 그리스도인이 스스로 시련을 자초할 때 그 얼마나 불행한 일인가? 그러나 때때로 하나님께서는 우리 자신의 죄와 상관없이 삶 가운데 고통을 허락하시기도 한다. 바울의 경우에 하나님께서는 사단이 욥에게 행했던 것같이 제한적으로 시험할 것을 허락하셨다. 바울의 고통이 무엇이었는지 확실히 알 수는 없지만 바울이 그것을 "육체의 가시"라고 부른 것으로 보아 육체에 관련된 것이라고 추측할 수 있다(고후 12:7 참조). 사단은 정신적 또는 정서적으로 그를 혼란케 하지는 못했다. 사단은 그에게 계속 육체적으로 견딜 수 없는 고통을 주었다. 바울은 그것을 "내 육체에 가시 곧 사단의 사자"(7절)라고 말했다.

하나님께서 고통을 허락하실 때는 어떤 특별한 목적을 갖고 계신다. 때로 하나님께서 바로 잡아 주기 원하시며, 때로는 온전케 하기를 원하시고, 때로는 보호해 주기를 원하신다. 히브리서 12장은 하나님께서 왜 때때로 우리를 바로 잡아 주셔야 하는지에 대해 그 이유를 이해하기 쉽게 설명하고 있다. 우리가 죄를 지을 때에 하나님께서는 사랑하는 아버지이시기 때문에 우리를 징계하실 수밖에 없다. 히브리서 12장은 징계에 관해 이렇게 언급하고 있다.
"주께서 그 사랑하시는 자를 징계하시고"(히 12:6).

자녀들을 사랑하는 모든 부모들은 징계가 자녀들의 삶에 얼마나 큰 가치가 있는지 잘 안다. 자녀들이 잘못 되었을 때 어떤 것이 바른 것인지 배워야 한다면 그는 징계를 받아야 한다. 징벌을 받는 것이 즐거운 일은 아니라 할지라도 징벌은 아이들에게 그들이 마땅히 어떻게 행해야 할지 알게 한다. 고집스럽고 이기적인 마음을 바로 고쳐 주기 위해 부모들은 자녀를 징계한다. 자녀를 사랑하는 부모들이 그러한 선한 목적을 위해 징계하는 반면, 하나님은 우리를 거룩함 가운데 온전케 하시려는 더 높은 목적을 갖고 징계하신다.
"저희는 잠시 자기의 뜻대로 우리를 징계하였거니와 오직 하나님은 우리의 유익을 위하여 그의 거룩하심에 참예케 하시느니라"(히 12:10).

때때로 하나님께서는 우리가 온전하기를 원하신다. 하나님은 우리가 어떤 잘못을 행해서가 아니라 바르게 행하기를 원하시기 때문에 우리에게 고통을 주신다. 그분은 우리를 단련시키기 위해 고통의 용광로를 통과하도록 하신다. 혼합물이 섞인 금속이 용광로에서 그 찌꺼기가 제거되듯이 시련을 통해서 우리는 자신의 믿음의 불온전함을 깨닫게 된다.

"그러므로 너희가 이제 여러 가지 시험을 인하여 잠간 근심하게 되지 않을 수 없었으나 오히려 크게 기뻐하도다 너희 믿음의 시련이 불로 연단하여도 없어질 금보다 더 귀하여 예수 그리스도의 나타나실 때에 칭찬과 영광과 존귀를 얻게 하려 함이라"(벧전 1:6, 7).

때로 고통은 우리를 보호하기 위해 주어진다. 하나님께서는 이러한 목적으로 바울에게 고통을 주셨다. 하나님은 바울이 하늘나라에 다녀온 사실에 대해 너무 교만하지 않도록 그의 육체에 가시를 허락하셨다. 교만은 무서운 죄이다. 교만은 가장 아름다운 천사장이었던 계명성을 사단으로 타락시킨 죄이다(사 14:12~17 참조). 성공과 영적 축복은 때에 따라 큰 위험이 있다. 우리가 받은 축복을 당연하게 여기기 시작할 때부터 우리는 영적으로 무디어지게 된다. 우리는 하나님께서 우리를 위하여 행하신 것을 잊어버리고 자신이 이루어 놓은 것에 대해서 자랑한다.

하나님께서는 이스라엘 백성들이 가나안 땅에 들어가기 전에 이와 같이 미리 경고하셨다.

"네가 먹어서 배불리고 네 하나님 여호와께서 옥토로 네게 주셨음을 인하여 그를 찬송하리라 내가 오늘날 네게 명하는 여호와의 명령과 법도와 규례를 지키지 아니하고 네 하나님 여호와를 잊어버리게 되지 않도록 삼갈지어다 네가 먹어서 배불리고 아름다운 집을 짓고 거하게 되며 또 네 우양이 번성하며 네 은금이 증식되며 네 소유가 다 풍부하게 될 때에 두렵건대 네 마음이 교만하여 네 하나님 여호와를 잊어버릴까 하노라"(신 8:10~14).
하나님께서는 우리가 영적으로 강건해지고 성숙해지는 것을 보시면서 교만해지지 않도록 우리의 삶 가운데 고통을 허락하실지도 모른다.

고통이 우리를 바로잡기 위해서이든, 온전케 하기 위해서이든, 혹은 보호하기 위해서이든 거기에는 하나님의 거룩한 목적이 있다. 우리가 고통당하게 되었을 때, 그리고 자신이 스스로 그 고통을 자초한 경우가 아니라는 사실을 알았을 때, 우리는 먼저 "어떻게 하면 이 고통에서 벗어날 수 있을까?" 하고 묻지 말아야 한다. 그보다는 "이 고통 속에서 난 어떤 의미를 찾을까? 이 고통을 통해 하나님은 내게 무엇을 이루시려는 것일까?"라고 질문해야 한다. 만일 우리가 우리에게 고통을 허락하신 하나님의 계획을 깨닫는다면, 쉽게 그 고통을 받아들이고 주께서 계획하신 그 목적을 이루시도록 자신을 맡길 수 있을 것이다.

축복은 멍에와 함께 온다

응답받지 못한 바울의 기도를 통해 두번째의 교훈을 살펴보자. 그것은 축복이 멍에와 함께 온다는 것이다. 하늘에 계신 우리 아버지께서는 완전한 조화 속에서 만물을 붙들고 계신다. 그분은 계절의 조화를 아시며 낮과 밤의 조화를 알고 계신다. 마찬가지로 하나님께서는 축복과 멍에가, 그리고 이상과 시련이 어떻게 조화를 이루며 함께하는지에 대해서도 알고 계신다. 하나님께서는 바울을-그가 몸 안에 있었는지 몸 밖에 있었는지 우리는 그에 대해 알 수가 없지만-하늘로 이끌어 가셔서 영광스러운 장면을 보이시고 기이한 말을 듣게 하셨다.

만일 내가 그와 같은 경험을 했더라면, 나는 아마 돌아와 기자회견을 가졌을 것이다. 그렇지 않으면 책을 쓰거나 카세트 혹은 비디오 테이프를 만들어 사람들에게 배포했을지도 모른다. 또한 세미나를 열어서 하늘의 영광에 참예하기 위해 어떤 준비를 해야 하는지 이야기했을지도 모른다. 그러나 바울은 그렇게 하지 않았다. 그는 그 경이로운 사건에 대해 아무에게도 말한 적이 없었다. 그 경험 때문에 14년 동안이나 고통을 겪었지만, 그는 여전히 자기가 왜 고통받고 있는지 사람들에게 설명하지 않았다.

바울을 대적하던 사람들이 그에 대해 어떻게 말했을지 추측해 볼 수 있다. 그가 신자들에게 말씀을 전하는 곳에는 그를 대적하는 무리들도 있었을 것이다. 하나님의 은혜의 메시지를 공박하던 율법주의적 무리들은 이렇게 공박했을 것이다.
"바울이 고통당하는 모습을 당신도 보았지요? 정말 그가 선한 그리스도인이라면, 그리고 큰 믿음을 갖고 있다면, 어떻게 그렇게 고통을 당한단 말입니까? 도대체 왜 그러한 고통을 당하고 있는지 이해할 수가 없어요."

그들은 심지어 그의 '어려운' 상황을 가지고 따지고 들었을 것이다.

　그들이 그렇게 공박하였다면 바울은 이렇게 말할 수도 있었을 것이다.
"이 고통은 주님과 너무도 가까이에 있었기 때문에 온 것이다. 나는 하늘나라에까지 다녀왔었다. 너희들은 그러한 경험을 해 본 적이 있느냐?"
그렇지만 그는 입을 굳게 다물었다. 그는 고린도 교인들이 그를 공박하여 자신의 사도직을 변호해야 할 때까지 아무에게도 이에 관해 언급한 적이 없었다. 하나님께서 우리에게 큰 축복을 주실 때는 멍에도 함께 주셔서 조화를 이루게 하신다. 만일 하나님께서 우리의 손에 넘치도록 복을 쏟아 주신다면 우리가 넘어질 것을 그분은 알고 계신다. 그래서 그분은 내 손에 축복으로 채워 주시는 만큼. 내 등에는 멍에를 지워 주신다. 이런 방법으로 하나님은 균형과 질서를 잡으시고 우리가 넘어지지 않도록 하신다.

　주님은 균형있게 멍에를 지우시는 방법을 알고 계신다. 하나님은 내가 질 수 있는 그 이상의 멍에를 지우시지는 않는다. 우리는 예수께서 이 땅에서 사역하셨을 때도 역시 이 원리가 적용되었음을 알 수 있다. 예수께서 요한에게 세례(침례)받으셨을 때를 기억해 보라. 물에서 올라오실 때 그분은 성령이 비둘기같이 자기에게 임하는 것을 보셨다(마 3:16 참조). 그리고 하나님께서 "이는 내 사랑하는 아들이요 내 기뻐하는 자라"(마 3:17)고 말씀하시는 음성을 들으셨다. 이 얼마나 영광스러운 경험이겠는가? 그러나 그 다음 구절은 바로 이렇게 기록되어 있다.

"그때에 예수께서 성령에게 이끌리어 마귀에게 시험을 받으러 광야로 가사"(마 14:1).

40일 동안을 금식하신 후에 예수께서는 사단에게 세 번씩이나 시험을 받으셨다. 그분의 세례(침례)의 축복은 이렇게 사단의 시험으로 균형을 이루게 되었다. 우리가 살아가면서 축복과 승리만이 있기를 원하는 것은 극히 평범한 생각이다. 그러나 골짜기를 통과하지 않고서는 산 정상에 오를 수가 없다. 그리고 산 꼭대기는 공기가 희박하기 때문에 언제까지나 그 곳에 머무를 수가 없다. 이와 마찬가지로 싸움을 해 본 적도 없이 승리의 기쁨을 맛볼 수 있는 사람은 아무도 없다. 전쟁에 참전하여 승리를 거두어야만 전리품을 얻을 수 있는 것이다. 그리고 승리의 쾌감이란 한번 패배의 쓴 맛을 본 후에야 더욱 달콤한 것이다.

물론 아무 상처도 입지 않고 전쟁터를 빠져 나오는 사람도 더러 있겠지만 아무튼 승리의 기쁨을 경험하려면 먼저 싸움터의 고통과 불안을 견뎌내야 한다. 고통과 패배를 즐기는 사람은 아무도 없다. 우리는 모두 한번에 또는 각자 따로 "주여, 내 몸의 병을 고쳐 주옵소서. 이 고통을 거두어 주소서"라고 기도한다. 바울도 그렇게 기도했다. 그것은 하나도 잘못된 것이 아니다. 그러나 하나님께서 기도에 응답해 주지 않으신다 할지라도 우리는 절망해서는 안 되며, 하나님은 나를 돌아보시지 않는다고 생각하지도 말아야 한다. 고통에는 하나님의 목적이 있으며, 또한 축복에는 항상 멍에가 따른다는 사실을 기억하기 바란다. 하나님께서는 그 어떤 자녀도 제 멋대로 생각하는 것을 원하지 않으신다. 대신 우리가 성장하기를 원하신다.

영적 축복은 육적 축복보다 우위이다

응답받지 못한 바울의 기도에서 세번째 교훈은 영적 축복이 육적 축복보다 더욱 중요하다는 것이다. 물론 이것은 하나님께서 육체에 속한 것에는 관심이 없으시다는 의미는 아니다. 그분은 십자가에서 우리의 영과 혼은 물론 몸까지도 사셨다. 우리가 구원받을 때 성령께서 우리 안에 오셔서 우리의 회심에 인을 치시고 우리 몸을 당신의 성전으로 삼으신다(고전 6:19. 20 참조). 그러므로 성령은 우리의 육체 안에 거하신다. 이러한 이유에서 그리스도인들은 하나님의 성전인 몸을 돌봄에 있어 하나님께 배워야 한다.

주님은 때로 우리가 우리 몸에 관심을 갖는 것보다 우리 몸에 더 많은 관심을 갖고 계신 듯하다. 주께서는 우리의 몸이 안전하고 강건하게 유지되기를 바라시지만 우리의 영적 상태에 훨씬 더 많은 관심을 갖고 계신다. 이러한 영적인 축복들이 육체적인 축복들보다 훨씬 더 중요하다. 따라서 우리도 이와 같은 자세를 가져야 한다. 우리의 우선적인 관심은 자신의 육체적인 안일과 행복이 아니라 영적인 축복과 행복이 되어야 한다(롬 8:5~13 참조).

물론 하나님은 우리를 치료하실 수가 있고 또 그렇게 해주신다. 나는 하나님께서 - 마지막 것만을 제외한 - 모든 고통을 치료하실 수

있다고 믿는다. 하나님께서 우리를 선택하셔서 당신의 집으로 부르
신 후에는 치료해 달라는 우리의 기도에 응답하지 않으실 것이다.
하나님께서는 모든 질병을 치료하실 만한 능력을 갖고 계시지만 반
드시 그렇게 하셔야 할 의무는 없으시다. 십자가를 통해 우리가 모
든 축복을 유업으로 받았다 할지라도 땅에 있는 동안 이 모든 축복
들을 경험하게 된다는 의미는 아니다.

예를 들어 갈보리의 사건을 통해 우리는 부활의 몸을 입게 될 것
을 알고 있다. 그러나 주께서 다시 오시기까지 이 유업은 이루어지
지 않을 것이다. 많은 경우에 하나님께서는 치료나 그 밖의 육적 축
복을 구하는 우리의 기도에 응답하지 않으신다. 왜냐하면 그 일로
인해 우리가 더욱 큰 영적 축복을 놓칠 수 있기 때문이다. 우리는
사도 바울의 경험을 통해서 이 사실을 알 수 있다. 하나님께서는 그
에게 있는 "육체의 가시"를 제거해 주시기보다 그를 위해 더욱 큰
것을 준비하고 계셨다. 육체의 가시를 사용하셔서 주님은 그의 내적
성품을 다듬어 가셨다.

최근에 나는 라디오 청취자 한 사람에게서 그가 매우 심각한 시련
과 고난을 겪은 사연을 적은 편지를 받았다. 그녀는 이렇게 썼다.
"하나님께서는 나의 병을 치료해 주지 않으셨지만, 내게 더욱 큰 일
을 행하셨습니다. 그분은 그 고통을 통해 나에게 영적인 축복들을
내려 주셨습니다."
하나님께서는 영적으로 우리를 축복하시기 위해 고통을 사용하실
뿐만 아니라 우리가 고난에 처해 있을 때 자신의 약함을 인정하고

이겨낼 수 있도록 은혜를 주신다. 바울이 고통으로부터 벗어나기 위해 세 번 기도할 때 주님은 그에게 이렇게 말씀해 주셨다.

"내 은혜가 네게 족하도다 이는 내 능력이 약한 데서 온전하여짐이라"(고후 12:9).

주께서는 바울에게 큰 은혜를 주셔서 그가 고통을 받아들이고 이해하며 자신의 약함을 자랑하기까지 하게 하셨다. 사실상 하나님의 은혜는 한없이 커서 약함을 강건함으로 변화시키기에 충분했다. 바울은 그 고통이 그리스도께서 그를 통해 역사하시기 위해 허락된 것임을 깨닫자. 자신의 고통을 불평하기보다는 도리어 예수님을 위하여 자기 약함을 기뻐하였다(고후 12:19 참조). 하나님께서 우리의 고통을 치료해 주시기보다 변화시켜 주시는 것이 훨씬 더 중요하다고 생각한다. 신자들이 자기의 고통을 불평하기보다 하나님의 은혜로 오히려 기뻐한다면 구원받지 못한 세상은 그들의 강력한 증거로 크게 영향을 받을 것이다. 때때로 주께서는 치료하시기보다 고통을 허락하심으로 말미암아 더욱 큰 영광을 받으신다.

고통은 사역에 장애가 되지 않는다

앞에서 살펴본 바와 같이 고통에는 육체적 축복보다 중요한 하나님의 뜻이 있다. 하나님께서는 우리를 크게 축복해 주시는 반면 또한 멍에를 지어 주심으로 말미암아 우리가 균형을 이루어 넘어지지 않게 하신다. 그러나 우리가 이러한 멍에를 지고 싸우고 있는 동안에도 그 고통 때문에 사역이 어떤 방해를 받지는 않는다는 사실을 기억해야 한다. 사도 바울은 그의 "육체 안에 있는 가시" 때문에 크게 고통을 당했다. 그는 치료받지 못했기 때문에 그 병이 하나님을 섬기는 데 방해가 된다는 이유를 들어 사역을 중단하기가 쉬웠을 것이다. 그러나 그는 그렇게 하지 않았다. 일단 주님이 자기를 치료하지 않으신다는 것을 안 그는 더 이상 그 문제를 해결해 주시기를 위해 구하지도 않았고 단순히 참아내도록 구하지도 않았다. 대신 그는 자기의 문제가 하나님의 영광을 위해 사용되어지도록 기도했다.

우리는 지금 "아스피린" 시대에 살고 있다. 너무나 많은 그리스도인들이 고통과 고난을 핑계삼아 주님을 섬기기를 피하려고 한다. 교인들이 얼마나 자주 가벼운 감기나 몸살을 이유로 들며 주일예배에 빠지곤 하는가? 또 얼마나 자주 두통이나 몸이 불편하다는 핑계를 대면서 각종 집회나 성가대 연습에 빠지는가? 우리는 자신의 고난을 책임을 전가시키는 구실로 삼기보다 그 고난으로 말미암아 하나님의 사역에 헌신할 수 있는 길을 찾아야 한다. 역사는 그러한 고통에도 불구하고 그 고통으로 인하여 하나님을 더욱 효과적으로 섬겼던 성도들의 실례로 가득 차 있다.

야곱은 하나님과 씨름한 결과로 그의 장년의 대부분을 절름발이로 살았다(창 32:24~31 참조). 바울이 수차례에 걸쳐 매맞고 돌에 맞는 고통을 겪었고 옥에 갇혔던 것은 그의 몸을 약하게 했지만 그는 꾸준히 하나님을 섬겼다. 1740년대 인디언들에게 선교활동을 하던 데이비드(David Brainerd)는 자주 몸이 아팠었다고 전해지는데, 이는 그가 눈길 위에 뱉어 놓은 핏자국을 통해서도 그의 건강 상태가 어느 정도였는지 추측해 볼 수 있다. 경건한 장로교 설교자인 로버트 머리 멕체인(Robert Murray McCheyne)은 심한 심장병을 앓고 있었지만 매우 효과적인 사역을 했다.

찰스 스펄전(Charles Spurgeon)과 캠벨 몰간(G. Campbell Morgan) 역시 그들처럼 질병을 앓고 있었다. 그의 저서로써 수많은 이들에게 축복을 끼친 에이미 카미첼(Amy Carmichael)은 그녀의 사역 기간의 대부분을 침상에서 보냈다. 이들 남녀의 생애나 그들과 같이 고통당했던 그리스도인들은 고통이 그들의 사역을 아무것도 방해하지 못했다는 사실을 우리에게 확증하고 있다. 하나님께서 우리의 기도를 들어주실 것이라고 생각했던 대로 우리의 기도와 치료에 대한 간구에 응답하지 않으실 때. 우리는 포사이드(P. T. Forsyth)의 말을 기억해야 한다.
"고통이 없도록 기도하기보다 고통의 의미를 발견하도록 기도하는 것이 더욱 굉장한 일이다."

우리는 고통 속에서 하나님의 뜻과 그분의 거룩한 목적이 무엇인지 찾아야 한다. 하나님께서는 우리를 영적으로 축복하시기 위해서 또는 당신이 영광을 받으시기 위해 멍에를 주시는지도 모른다. 그러나 이유야 어쨌든 우리는 고난 때문에 우리의 사역이 방해받도록 해서는 안 된다. 우리는 주께서 내가 무엇을 하기 원하시는지 알아야 하며, 그분의 은혜와 능력이 우리의 약한 데서도 족하다는 사실을 기억하고 그분의 뜻을 행하고자 힘써야 한다.

망망한 바다 한가운데서 배 한 척이
침몰하게 되었습니다.
모두들 구명보트에 옮겨 탔지만
한 사람이 보이지 않았습니다.
절박한 표정으로 안절부절 못하던 성난 무리 앞에
급히 달려 나온 그 선원이
꼭 쥐고 있던 손바닥을 펴 보이며 말했습니다.
"모두들 나침반을 잊고 나왔기에 … "
분명, 나침반이 없었다면 그들은 끝없이 바다 위를
표류할 수밖에 없을 것입니다.

삶의 바다를 항해하는 모든 이들을 위하여
우리는 그 나침반의 역할을 하고 싶습니다.
우리를 구원하신 아름다운 주님을
21세기 문명의 이기(利器)를 통하여
널리 전하고 싶습니다.

우리 나침반 가족은
구원의 복음과 진리의 말씀을 전하며
당신의 믿음 성장과 삶을, 가정을, 증거를,
그리고 당신의 세계를 돕고 싶습니다.

그리스도 안에서
우리는 당신을 진실로 사랑합니다.

"하나님은 모든 사람이 구원을 받으며
진리를 아는 데 이르기를 원하시느니라."
(디모데전서 2장 4절)

남편을 위한 무릎 기도문

사랑하는 남편의
신앙, 건강, 성공 등을
이루게 하는 아내의 기도서!

아내를 위한 무릎 기도문

아내를 끝까지 지켜주는
남편의 소망, 소원,
행복이 담긴 기도서!

워킹맘의 무릎 기도문

좋은 엄마/좋은 직원/
좋은 성도가 되기위해
노력하는 워킹맘의 기도서!

손자/손녀를 위한 무릎 기도문

어린 손주 양육에
최선을 다하는
조부모의 손주를 위한 기도서!

자녀의 대입합격을 위한 부모의 무릎 기도문

자녀 합격을 위한
30가지 주제와
30일간 기도서!

대입합격을 위한 수험생 무릎 기도문

수험생을 위한
30가지 주제와
30일간 기도서!

태신자를 위한 무릎 기도문

100% 확실한 전도를 위한
30일간의 필수 기도서!

새신자 무릎 기도문

어떻게 믿어야 할지 모르는
새신자가 30일 동안 스스로
기도하게 하는 기도서!

교회학교 교사 무릎 기도문

반 아이들을 위해
실제로 기도할 수 있게 하는
교회학교 교사들의 필수 기도서!

선포(명령) 기도문

소리내 믿음으로 읽기만 해도
주님의 보호, 능력, 축복,
변화와 마귀를 대적하는
강력한 선포기도가 됩니다!

과연 당신은 어느 대열에 속해 여행하고 있습니까?
이것은 창조주시며 결국에는 우리를 심판하실 하나님 앞에 서게 되는
인간 모두에게 주어진 중대한 문제입니다.
또 당신 생명과 연결된 문제이기 때문에 이 문제를 도외시한다면
그건 너무 비참한 일입니다.

이 책은 바로 이 중대한 문제를 해결해 줍니다.

구원의 확신 그리고 기쁨

조지 커팅 外 지음 | 값 5,000원

예화, 배경설명, 교훈, 생활적용, 기도 순
각 권 180개(총540개) 주제
각 권 540개(1620개) 교훈

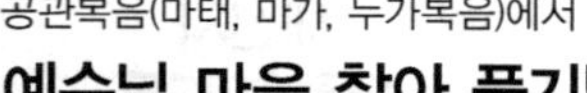

공관복음(마태, 마가, 누가복음)에서
예수님 마음 찾아 품기!

사도행전~ 데살로니가서에서
예수님 성품 찾아 닮기

디모데서~계시록과 요한복음에서
예수님 능력 찾아 갖기

지은이 송용필 목사는 미국에서 공인회계사(CPA)로 일하다가 목회자로 주님의 부름을 받았다.
지금은 횃불트리니티신학대학원대학교 대외 협력 부총장과 한국독립교회 및 선교단체협의회 제4대 회장으로, 그리고
CENTENNIEAL CHRISTIAN SCHOOL 설립 및 이사장으로 일하고 있으며, 극동방송 부사장과 방송 목사(Radio Pastor), 횃불교
회 담임목사, 한국AWANA협회 설립자, 교육자, 하계올림픽(서울,아테네) Chaplain… 등으로 주님을 섬겼고, 해외 여러 선교기관
들을 한국 기독교계와 연결시키고 있다.

송용필 목사지음/신국판/384쪽 / 각 권 값15,000원

성경적/역사적/신학적/과학적 방법을
동시에 사용하여 성경 개요를 한 눈에 파악할 수 있도록 하여,
성경의 흐름을 많은 도표와 그림을 통해 시각화 한 책!

윌밍턴

본문중심
성경연구
(구약/신약)

리버티대학교 헤롤드 L. 윌밍턴 박사 지음

성경 전서를 체계적으로 차근차근
가르치고 싶은 분 –
배우고 싶은분을 위한 책 –

핵심 성경 연구

1권 2권 3권

워런 W. 위어스비 박사 지음

성경을 배우고 가르치는데 기본이 되는 책!
성경 각 권의 주제와 목적은 물론이며
당시의 사회·문화적 배경을 이해할 수 있는 다양한 그림과 지도,
고고학적 사진자료, 성경 풍습에 대한 설명 등
자세한 해설을 통해 체계적이고 심화된 성경 학습에 필수적이다.

종합 성경 연구

(구약/신약)

로버트 보이드 박사 지음

성경을 역사적 배경과 연대기적으로 이해하고
성경 66권의 흐름을 한 눈으로 볼 수 있는 책!

Step-by-Step
성경여행 (구약/신약)

고은주 원장 지음

망망한 바다 한가운데서 배 한 척이 침몰하게 되었습니다.
모두들 구명보트에 옮겨 탔지만 한 사람이 보이지 않았습니다.
절박한 표정으로 안절부절 못하던 성난 무리 앞에 급히 달려 나온 그 선원이
꼭 쥐고 있던 손바닥을 펴 보이며 말했습니다.
"모두들 나침반을 잊고 나왔기에… "
분명, 나침반이 없었다면 그들은 끝없이 바다 위를 표류할 수 밖에 없을 것입니다.

우리는 삶의 바다를 항해하는 모든 이들을 위하여
그 나침반의 역할을 하고 싶습니다.
우리를 구원하신 위대한 주 예수 그리스도를 널리 전하고 싶습니다.

"하나님은 모든 사람이 구원을 받으며
진리를 아는 데에 이르기를 원하시느니라"
(디모데전서 2장 4절)

당신의 기도가 응답받지 못하는 이유를 아십니까

지은이 | 워런 W. 위어스비
옮긴이 | 김동원
발행인 | 김용호
발행처 | 나침반출판사

재발행 | 2024년 2월 1일

등 록 | 1980년 3월 18일 / 제 2-32호
본 사 | 07547 서울특별시 강서구 양천로 583
         블루나인 비즈니스센터 B동 1607호
전 화 | 본사(02)2279-6321 / 영업부(031)932-3205
팩 스 | 본사(02)2275-6003 / 영업부(031)932-3207
홈 피 | www.nabook.net
이 멜 | nabook365@daum.net

ISBN 978-89-318-1061-5
책번호 가-6002

값은 뒤표지에 있습니다.